¿QUIÉN ERES CUANDO NADIE TE VE?

Andrea Pérez Guzmán

®2021 Editorial Bien-etre.

Publicado por: Editorial Bien-etre.

Diseño de portada: Esteban Aquino, Ceadvertising.

Foto de portada: Nuva Photography

Diagramación: Easwara Jiménez

ISBN: 978-9945-628-32-6

Edición: Editorial Bien-etre

www.a90d.com

Primera edición 2021.

¿QUIÉN ERES

CUANDO NADIE TE VE?

BIENETRE
EDITORIAL

¿QUIÉN ERES
CUANDO NADIE TE VE?

ANDREA PÉREZ GUZMÁN

BIENETRE
EDITORIAL

ÍNDICE

GRATITUD

A Dios GRACIAS por permitirme llegar hasta aquí para cumplir el propósito para el cual me hiciste nacer. A ti te debo todo lo que soy y todo lo que tengo.

A mí. Andrea Pérez Guzmán. GRACIAS. Por ser valiente, por atreverte, por lograrlo. Te amo, te respeto. Estoy orgullosa de la mujer en la que te conviertes cada día. Este es solo el comienzo de todo lo que mereces.

A mis padres, José Alejandro y Fabiola. Gracias por darme vida y por permitirme siempre ser quien soy. Los perdono y les pido perdón. Los amo, los honro y los bendigo.

A mis hermanos: Alejandro, Luis Fernando y Reinaldo. Gracias por estar presentes más allá de la ausencia. Son un ejemplo de perseverancia. Mi admiración va para ustedes.

A mi esposo Edgar Echeverria, por elegir cada día ser parte de mi vida, mi complemento perfecto. Por permanecer a mi lado en cada instante de este nuevo viaje. Gracias por creer en mí de manera incondicional.

A Keila González Báez, al equipo A90D y Bienetre Editorial, por ser luz y guiarme en el camino de la sabiduría para hacer realidad mi sueño.

A mi familia y a todas las personas de las que hago mención a lo largo del camino, sé que cada uno de ustedes se identificará al leer. GRACIAS por ser parte de mi historia.

A los que han creído en mí desde el principio y a los que han servido de inspiración para mí. Los valoro.

Gracias a ti que hoy me lees.

DEDICATORIA

Para ti que estás del otro lado de mi verdad, que a partir de ahora serás un reflejo de mi sabiduría. Porque has decidido creer en ti y en que parte de lo que soy puede aportar para tu crecimiento interior.

Va para cada una de las personas que han formado parte de mi historia. Sin ustedes nada hubiese sido posible. Gracias. Los perdono. Los amo.

Dedico cada una de estas páginas a todas esas personas que logren identificar su historia con mis experiencias y puedan hacer de las suyas un aprendizaje continuo.

A ti, que estás en busca de respuestas a situaciones repetitivas en tu vida de las que no encuentras salida. A ti, que sientes que has caído en un ciclo del cual no puedes escapar. ¡Sí es posible y hay un propósito!

Va dedicado a quienes han perdido su identidad y a quienes han tenido que cambiar su esencia para encajar en un mundo de estereotipos sociales y «deberías», dejando a un lado lo que son cuando nadie los ve.

A las mujeres que se sienten rechazadas. A los padres separados y a los hijos abandonados. A los inmigrantes. A los solteros y a los casados. A los amigos. A esas personas que llegan a nuestras vidas para salvarnos.

A ti, de manera personal. Ojalá te permitas trascender más allá de tus expectativas.

PRÓLOGO

Las personas sabias son aquellas que pueden aprender de la experiencia de otros sin necesidad de pasar por los mismos procesos o consecuencias que otros han tenido que sufrir o padecer.

¿Quién eres cuando nadie te ve? Te enseñará que no importa lo que hayas vivido en tu pasado o estés atravesando en tu presente, es posible superarte y ser una persona exitosa.

Andrea es un vivo ejemplo de crecimiento y superación, es por esta razón que todas las palabras escritas en este libro tienen un gran valor para motivar y edificar a todo lector.

En este libro ella expone de una manera muy abierta muchas experiencias impactantes de su vida personal, que estoy seguro te servirán de referencia para saber cómo responder ante cualquier situación que debas enfrentar.

Lo importante no es quien eres en público, realmente lo importante es quien eres cuando nadie te ve.

Jhoan Zambrano

Pastor RPD

INTRODUCCIÓN

Vivimos en una carrera contra el tiempo en la que pocas veces nos detenemos a pensar *¿Quién soy?* más allá de lo que es evidente. Nos acostumbramos a los paradigmas de quienes nos rodean, incluyendo patrones repetitivos en nuestras vidas como una norma a seguir. Pero ¿alguna vez te has preguntado si todo lo que vives te hace realmente feliz?

Si te permites conocerte un poco más en intimidad, podrás descubrir cosas que ni siquiera imaginas y que seguramente te llenarán de la paz que necesitas para continuar. Te muestro cómo, a través de mi historia, puedes hacerte consciente de todas las limitaciones mentales y de los prejuicios que han evitado que te expreses libremente y sin apariencias. Te enseño desde mi experiencia cómo fui capaz de revelar de dónde proviene todo aquello que me hacía comportarme de una manera en la que obtenía siempre los mismos resultados que me paralizaban, sin permitirme avanzar. Hasta que decidí cambiarlo a través del *reconocimiento real de mi ser.*

Ha llegado el momento de dejar a un lado todo lo que no te pertenece para hacerte cargo de ti. Es hora de reconocer y aceptar que eres el único responsable de tu vida y de todo lo que sucede en ella. No existen víctimas ni culpables cuando se vive desde la *verdad.* Escúchate en medio del silencio. Acéptate. Perdónate. Ámate. Sé capaz de vivir una experiencia de transformación absoluta que te permitirá trascender hacia un nivel superior de *plenitud*.

CAPÍTULO 1
EL ORIGEN DE UNA CREENCIA

Para inventar una historia hay que tener imaginación.
Para contar tu propia historia hay que tener valor.

¿Te ha pasado alguna vez que te descubres imitando patrones de conducta de tus padres y eso genera que de alguna manera cometas los mismos errores que ellos a lo largo de tu vida? O peor aún, *¿cuántas veces has vivido a través de experiencias ajenas sin darte la oportunidad de aprender de tus propias vivencias?* ¡Pues yo era una de esas personas, hasta que decidí romper el molde! Con frecuencia asumimos esas conductas como parte de nuestras costumbres. Nos convertimos en un rebaño cegado por copiar lo que vemos en otros. Vamos perdiendo nuestra identidad, imitando todo lo que hacen quienes nos rodean, incluso sin saber su significado o propósito, aunque eso genere ir caminando por la vida de forma automática y sin un destino establecido. Muchas veces ignoramos que esas conductas existen y están arraigadas en nosotros de manera natural, porque no conocemos un punto de comparación. Sin embargo, en ocasiones, no entendemos por qué algunas situaciones aparecen de manera repetitiva y no sabemos qué hacer para cambiarlas.

Hubo un momento de mi historia en el que se me hizo urgente

detenerme y conocer más allá de lo que estaba viviendo. Sentía que mi vida era una cadena de eventos en círculo que siempre me llevaban de vuelta al inicio. Nada salía como yo quería. Tropezaba una y otra vez con la misma piedra. Perdí la cuenta de las veces que reflejé esa actitud en diferentes escenarios. Todo era una especie de ciclo sin fin. Me desgastaba cada vez más y no tenía idea de cómo parar. ¿Has tenido alguna vez el mismo sentimiento? Encerrarte en una cárcel sin respuestas a tantas interrogantes. La sensación de caer en un abismo del que nadie te puede salvar. ¡Solo tú puedes salvarte!

Me dediqué entonces a conocerme más allá del hoy. Descubrí que para determinar *quién soy*, primero debía recordar de *dónde vengo*. Me dispuse a entrar en contacto con mi memoria y remover todos esos recuerdos de mi infancia que había tirado al olvido. Desempolvé mentalmente mis días de inocencia en los que creía de manera absoluta en todo lo que me rodeaba. Entre lágrimas y sonrisas me vi creciendo hasta convertirme en el resultado de todas las experiencias a las cuales me enfrenté. Y fue entonces cuando entendí el porqué de todo lo que me trajo hasta aquí.

Ahora, en mi sabio presente, te invito a ser parte de mi historia y a que conectes de manera profunda con la tuya. Mi intención es que puedas identificar tus puntos débiles en las creencias impuestas por la sociedad y por tu familia a lo largo de tu vida. Que logres liberar a tu ser *real* dejando a un lado las apariencias y el *deber* con otros, haciéndote responsable de ti y de tus decisiones. Ha llegado el momento de sanar todo aquello que hasta ahora no entiendes de dónde proviene y despojarte de cargas que no te pertenecen. En ocasiones puede que duela, pero te aseguro que la recompensa valdrá la pena. En medio de este camino descubrirás –como yo lo hice– todo lo que te ha mantenido atado a una vida de la que no te sientes conforme y que muchas veces te limita a expresarte desde la manera más auténtica de tu ser. Lo único que necesitas es escucharte en medio de tu soledad y que, al leer, seas capaz de reconocer a la persona que intentas esconder por temor al qué dirán. Que logres al final mostrar tu naturaleza. Que vivas plenamente y sin limitaciones.

CICATRICES DE GUERRA

Mi historia y mis creencias comenzaron en el vientre de mi madre. La ilusión de tener una niña en casa llegó para cerrar con broche de oro el sueño de mis papás. Soy la menor de cuatro hermanos. Acostumbrados a vivir entre varones, ahora tendrían a una hermanita a quien cuidar –y molestar–. Recuerdo muy poco de lo que fue mi infancia en aquel vecindario de clase media a las afueras de la ciudad de Valencia, en Venezuela. Éramos una familia. Todo parecía estar bien en nuestro hogar. Vivíamos en una casa bonita y muy amplia. Sin embargo, con mi llegada construyeron una habitación adicional para que cada uno tuviese su espacio independiente. Desde entonces descubrí que tenía mi propio mundo.

Papá siempre ha sido un hombre centrado, sin vicios y muy responsable. A pesar de tener una personalidad seria y poco expresiva, posee la habilidad para relacionarse con las personas con quienes comparte un interés en común. Obtuvo su título profesional en la universidad en donde conoció a mi madre. Para el momento en que nací y durante todo lo que recuerdo de mi infancia, trabajó en una de las empresas ensambladoras de vehículos más grandes de la ciudad.

Mientras yo crecía, recuerdo a mi padre pasar días enteros y algunas horas de la noche en el lugar donde trabajó por más de 20 años. Mi infancia, y de seguro la de mis hermanos, quedó marcada con el logo que veíamos en su camisa de uniforme a diario. Cada año un carro nuevo llegaba a nuestra casa como regalo para mi madre. A mis hermanos y a mí nos gustaba ir de visita a la planta de ensamblaje para aprender cómo fabricaban los vehículos. Al menos una vez al año compartía con papá un día en su oficina. Me preguntaba, aun siendo una niña: «*¿Cómo era que él podía permanecer tanto tiempo encerrado entre esas cuatro paredes para ganar dinero y sostener a nuestra familia?*». Aun cuando eso implicaba no verlo muy seguido e incluso no disfrutarlo juntos. Eso era lo opuesto a lo que siempre escuchaba de él cuando decía: «¡Trabajo para darles todo!», momentos en los que dudaba de que estuviese haciendo referencia sólo a lo *material*.

El vago recuerdo que tengo de aquella época era verlo llegar al final de la tarde a comer lo que mamá había preparado desde el mediodía. No disfrutaba de tenerlo en casa durante los días de semana, siempre llegaba cansado y con pocas ganas de jugar con mis hermanos y conmigo. Los domingos eran los días de visita a mis abuelos maternos y se había convertido en una especie de tradición familiar. Mi padre llegaba a sentarse en el sofá a leer el periódico sin hablar con nadie. Mientras tanto, mamá compartía con mi abuela y mi tía en la cocina. Mis hermanos jugaban con mis primos o algunos vecinos y yo disfrutaba sentarme con mi abuelo a escuchar las interesantes historias de su vida. ¡Él tenía mucho para contar! Ya había vivido al menos 80 años. Recuerdo que me gustaba acostarme en una hamaca con él y cantar juntos algunas canciones.

Mis abuelos maternos siempre fueron mi ejemplo de amor más puro. Eran la muestra de hogar y familia. Fueron el pilar de unión entre todos nosotros. Demostraban cada día que el matrimonio sí puede ser hasta que la muerte nos separe. Ellos estuvieron juntos por más de 50 años, hasta que mi abuelo falleció. Con la familia de mi padre no compartíamos mucho, nunca supe cuál era el motivo. A mi abuelo paterno no lo conocí y de mi abuela recuerdo poco. Falleció cuando yo era pequeña. Solo sé que era una gran mujer, muy elegante. Cada vez que la visitábamos tenía algún regalo para mis hermanos y para mí.

Son pocos los momentos de diversión fuera de casa que puedo atesorar de esos días. Un par de idas a la playa –uno de mis lugares favoritos– y una excursión de la compañía donde trabajaba mi padre en donde fuimos a Mérida, la única ciudad de mi país donde cae nieve a mediados de año. No recuerdo exactamente en qué época llegamos hasta allá, solo sé que no pudimos disfrutar de ver la nieve en esa oportunidad, un deseo por cumplir que quedó grabado en mí desde ese entonces. Mi viaje de vacaciones cada año al terminar la escuela era mudarme a casa de mis abuelos con todas mis muñecas para coincidir con mis primos que venían de otra ciudad. Si pienso más allá, son pocos los recuerdos en los que hayamos estado mamá, papá, mis tres hermanos y yo, juntos. ¿Será que *había cosas más importantes que aprovechar el tiempo en familia?*

Nuestras navidades siempre fueron un poco diferentes a lo que veía en otras familias. Papá iba con su madre y su única hermana a compartir la Nochebuena y el Año Nuevo. Mis hermanos y yo permanecíamos con mamá en casa de mis abuelos maternos para compartir con mis tíos y primos. Era emocionante esperar esa época para estrenar ropa y zapatos. Nos hicieron creer que en navidad se debe vestir de una manera especial, aunque muchas veces la ropa que usábamos en esos días pasara luego a ser parte del guardarropa y jamás la volviéramos a ver.

Cada 24 de diciembre abríamos los regalos que «el niño Jesús» había dejado. Era la ilusión de obtener una *recompensa* por portarse bien durante todo el año. Entonces nos íbamos a dormir con la felicidad de despertar al día siguiente con ganas de usar todos los juguetes a la vez. Mientras otros niños quizás no tenían nada, nosotros no nos dábamos cuenta de lo afortunados que éramos.

Yo siempre fui muy específica con lo que quería recibir. Lo era tanto que recortaba fotos de revistas de lo que me gustaba y las pegaba en una hoja blanca tipo carta con la esperanza de que al abrir las cajas forradas con papel de colores y puestas debajo del árbol desde el inicio del mes de diciembre, encontrara lo que había anhelado. Fue entonces cuando descubrí que la *visualización* y el ser selectivos en lo que pedimos, –incluyendo la imagen real con detalles e incluso imaginando lo que haremos con eso cuando lo recibamos– tiene un poder increíble para obtener lo que deseamos. Más adelante aprendí que esa fuerza es conocida como *Ley de Atracción* y, desde entonces, la aplico en todos los ámbitos de mi vida. Sin embargo, con el tiempo entendí que el verdadero valor de la Navidad no se trataba de los regalos que recibiera, sino de la dicha de poder tener a mi familia.

Mamá es una mujer de carácter fuerte y corazón noble. Sin duda ambas cualidades las heredó de mis abuelos. Poco expresiva y poco comunicativa, al igual que mi padre, lo que me hace pensar que para la época en la que ellos crecieron las demostraciones de cariño fueron, seguramente, muy limitadas. Siempre fue muy independiente a nivel personal a pesar de estar casada y tener cuatro hijos pequeños. Su profesión de contador público le permitió trabajar por su cuenta durante mucho tiempo. Recuerdo haberla acompañado varias veces a su oficina y quedarme dormida en la alfombra junto a su escritorio. Mi madre siempre vestía bien. Tenía mucha ropa, zapatos y algunos libros. Le gustaba leer y pocas veces ver televisión. De ahí que yo heredé ese *buen hábito* de la lectura.

Durante mi niñez veía a mamá mantener nuestra casa impecable, la comida siempre lista e incluso la ropa de papá, la cual dejaba cada mañana preparada en la cama para él, antes de ir a trabajar. Siempre le ha gustado el orden y la limpieza. Es perfeccionista con los detalles. Nos enseñó que cada cosa tiene su lugar y debe estar colocada de la manera correcta. A mis hermanos mayores los instruyó en los quehaceres de casa, de ahí que ellos crecieran siendo hombres responsables. Yo era muy pequeña en ese entonces, solo observaba y grababa en mi memoria cada lección como una guía de pasos a seguir para mantener un hogar.

UN VACÍO INDESCRIPTIBLE

Mamá se dedicó a ser esposa y madre, olvidándose un poco de ella mientras mis hermanos y yo seguíamos siendo niños. Salíamos ocasionalmente a visitar a sus amigas y muy poco le gustaban las reuniones sociales. Entre sus pasatiempos estaba el hacer manualidades bordando y pintando cosas para decorar la casa. Solía llevar a mi hermano menor a jugar béisbol y algunas veces íbamos al

23

club de la compañía donde trabajaba mi padre a cualquier actividad especial. Era común que mientras ella compartía con sus conocidas, yo me divirtiera jugando con las hijas de esas señoras. En medio de mi inocencia, todo lo que sucedía a mi alrededor estaba bien, por lo que no hubiese podido imaginar que de un momento a otro mi vida cambiaría para siempre.

Yo era una niña de 9 años cuando, sin planearlo, me convertí en adulta de la manera más inesperada. Recuerdo llevar el vestido de flores que tanto me gustaba, de color azul y rosado con bolsillos a los lados. Era una tarde como cualquiera en las que iba con mamá a la casa de una de sus amigas. No era la primera vez que visitábamos ese lugar, así que, al llegar, entré inmediatamente junto a la hija de la señora, a una de las habitaciones para jugar a las muñecas. Estaba feliz de poder compartir con otra niña, ya que en casa siempre jugaba sola.

Había pasado algunas horas entretenida, sentada en el piso de aquel lugar, cuando de pronto me di cuenta de que no había visto a mi madre por un largo rato.

Salí de la habitación un poco agitada a buscarla y de repente la señora dueña de la casa se acercó a mí.

— ¿Estás bien? —preguntó. Me sentía ansiosa por no encontrar a mi madre.

— ¡Sí! ¿En dónde está mi mamá? —respondí.

La señora dio un suspiro profundo y me miró fijamente.

—Ella salió un momento. ¡Seguramente va a regresar! —dijo.

No entendía qué pasaba mientras pensaba: «¿A dónde había ido sin mí?». Era la primera vez que me dejaba sola en algún lugar.

Inmediatamente, sentí el temor del *abandono*. No existe explicación lógica para un niño respecto al hecho de que su madre lo deje solo. Simplemente sentía como que no volvería a verla.

Mientras lloraba, me pregunté qué había hecho mal para que me dejara. Me sentía culpable de que se marchara sin mí.

Ese instante sin saber qué pasaría se me hizo eterno. Muchos miedos vinieron a mi mente de inmediato. *No quería estar sola.* No quería vivir en aquella casa desconocida en donde me encontraba esa tarde. ¿Y si no veía más a mi mamá? Todos esos sentimientos se formaron en cuestión de segundos dentro de mí. Para un niño no es fácil diferenciar entre la fantasía y la realidad. Yo solo estaba creyendo en lo que percibía de todo lo que me rodeaba.

No pasó mucho tiempo cuando, sin entender por qué, fue papá quien llegó a buscarme. Entró a la casa de la amiga de mi madre vistiendo aún su uniforme del trabajo. Me tomó de la mano para irnos mientras hablaba algunas cosas con la dueña de la casa en donde estábamos. No recuerdo qué le dijo. En ese momento mi mente se encontraba confundida. Solo esperaba que mi padre pudiese llevarme donde estaba mamá.

Así que salimos de aquel lugar. En el carro de vuelta a casa ambos íbamos sin decir una palabra. La expresión de mi padre reflejaba preocupación y no quise interrumpir.

Yo iba en el asiento trasero pensando: «¿Por qué mi padre había llegado ahí?». Planeaba llegar a casa y preguntarle directamente a mi mamá por qué no había regresado a buscarme.

Enseguida, entré corriendo a la cocina y no estaba, fui al cuarto y tampoco la encontré. Mi hermano menor se encontraba en casa y, al igual que yo, no entendía que estaba pasando. A pesar de la presencia de papá me sentí triste, porque era la primera vez que mamá no estaba. Ella siempre había cuidado de nosotros. Así que intenté calmarme y pensar que en cualquier momento aparecería y todo volvería a ser como antes. Mi padre guardó silencio y fue entonces cuando entendí que lo que estaba viviendo apenas comenzaba. Mi madre se había marchado. Ya no viviría más con nosotros.

Son muy vagos los recuerdos de lo que sucedió después de ese instante. No sé cuánto tiempo pasó hasta que volví a verla ni cuántos días estuvimos sin hablar. Solo sabía de ella lo que papá repetía a diario.

¡Mamá los abandonó, yo sigo aquí para ustedes! —decía.

Mientras él buscaba la manera de que todo estuviese bien, yo no entendía absolutamente nada. Desde mi perspectiva, en ese momento pensaba: «¡Si mamá ya no está con nosotros es porque no nos quiere!», lo cual no podía estar más lejos de la realidad. Durante ese tiempo, todos debíamos continuar como si nada pasara.

A mí, por ser la más pequeña durante el proceso de transición que vivíamos, mi padre me llevó a recorrer varias casas de familiares o amigas donde lo ayudaban a cuidarme por el día, mientras él seguía trabajando. Mamá seguramente tendría buenos motivos para la decisión que tomó, pero ya nada era igual. Mis hermanos no hablaban con nadie y mi padre decidió ponerse una armadura para mostrarse fuerte delante de nosotros, que ahora dependíamos solo de él. En ese momento, ni mis hermanos ni yo nos percatamos de los *sacrificios* que mi padre hacía para dejar a un lado lo que sentía por la separación de mi madre y el seguir adelante con y por nosotros.

Los mismos esfuerzos surgen en el caso contrario, en donde la mamá se queda sola con los niños. Situaciones complejas e inesperadas para las que nunca se está preparado. Viendo mi historia en retrospectiva y reconociendo el esfuerzo que hacía papá para dividir su mente, su fuerza y su tiempo en todo lo que tenía que hacer mientras nos tenía bajo su cuidado, me doy cuenta de lo difícil que es sobrellevar la carga familiar sin un apoyo emocional. Cuando los padres se separan queda un vacío inexplicable que nada ni nadie puede llenar. Los adultos deben asumir ambos roles para continuar con la crianza de la manera más llevadera posible. Los hijos deben interrumpir el curso normal de la niñez para enfrentar estas experiencias con madurez. Finalmente, los pequeños no tienen la culpa de los problemas de los padres, pero lamentablemente son los que terminan sufriendo las consecuencias. La perspectiva de un niño no es igual a la de un adulto. Es necesario que los padres entiendan de una vez por todas que *una separación de pareja no significa abandono de los hijos* en ningún caso. *La inocencia no entiende de ausencias.* Esa fue mi experiencia. Con el tiempo descubrí que para ese entonces papá se había convertido en mi *superhéroe.*

Mamá jamás regresó a casa. Verla se resumió de alguna manera a contar días en el calendario con la ilusión de encontrar una respuesta. Compartimos con ella solo los fines de semana y alguna fecha especial. Ella y mi padre jamás volvieron a hablar. Lo que vino después fue una lucha por descubrir quién tenía la razón sin percatarse de que, para nosotros, eso era lo que menos importaba.

Años después entendí que no se debe culpar a nadie por las decisiones que toman. Escapar de la realidad es un efecto causado por el *temor* a no saber qué hacer ante una situación inesperada. No justifico la conducta de mi madre, pero tampoco tengo derecho a juzgarla. Muchas veces sentí que ella me debía una explicación por lo que hizo, sin embargo, descubrí que yo era la única que debía algo, y eso era el perdón, lo cual finalmente me liberó.

Puedo asegurar que los que han pasado por experiencias como esta saben muy bien a lo que me refiero. Seas tú un hijo de padres separados o un padre que descuidó a sus hijos por una separación, es importante y urgente reconocer esa conducta para no transmitirla de generación en generación. Debemos evitar, en lo posible, que existan adultos y niños con carencias emocionales culpando a los demás por sus faltas. Es necesario entender que los hijos están a merced de las decisiones y el comportamiento de los padres como su ejemplo a seguir. *Lo que hagas o dejes de hacer repercute de manera directa en lo que ellos harán y serán en el futuro.*

Nuestro hogar no volvió a ser el mismo. Se convirtió en solo cuatro paredes y un techo sin nada que lo hiciera sentir con el calor característico de un lugar seguro. Luego del divorcio todo lo material se fue con mi madre –para ese entonces solo quedaron las camas en donde dormíamos– y mi padre, en medio del caos emocional del momento, no volvió a comprar nada más ni a preocuparse por la apariencia de la casa que estaba cada vez más deteriorada. De forma subliminal, *todo lo que se veía en el exterior de ese lugar reflejaba lo que sentíamos por dentro*. Ahora era solo un enorme vacío en el que se hacía interminable caminar desde mi habitación –que era la última de la casa– hasta la cocina que estaba cerca de la entrada principal. Cada día se sentía más fría. La inmensa soledad y el ruido del silencio me dejaban ver caer mi infancia a pedazos. Fue en esa temporada que descubrí que *lo material es efímero, es irrelevante. Pasamos de tenerlo todo a no tener nada.* Lo que jamás cambió fue el amor y el cuidado entre nosotros. Eso que nada ni nadie podrá reemplazar jamás.

El menor de mis hermanos –cinco años mayor que yo–, fue mi mejor compañero y confidente. Él me ayudó a enfrentar esa parte de nuestras vidas con mucha dedicación. Me cuidaba haciéndome creer que todo iba a estar bien, aunque él no lo estuviese por dentro, luchando sus propias batallas. Es algo que le agradeceré por siempre. De mis hermanos mayores solo recuerdo que los veía muy poco: uno pasaba mucho tiempo fuera de casa y el otro se había mudado a estudiar en otra ciudad. Cada uno vivía a su manera, aprendiendo a ser cada vez más *valientes*. Intentando encontrarle sentido a lo que sería, de ahí en adelante, nuestra nueva vida.

Para divertirme y distraerme un poco de lo que pasaba en casa, me gustaba salir a la calle a jugar con mis vecinas, que tenían la misma edad que yo. Paseábamos en bicicleta o en patines. Siempre llegábamos hasta el final de la calle donde vivíamos y nos dejábamos llevar por el impulso del viento hacia abajo. Era una diversión sana. No usábamos teléfono celular y el videojuego más moderno era un Nintendo, el cual nunca aprendí a manejar. También disfrutaba del patio de mi casa. Tenía varios árboles que formaban una cueva en la cual inventaba aventuras. Siempre me ha gustado la naturaleza y respirar al aire libre. Le buscaba figuras a las nubes. Amaba bañarme bajo la lluvia, aunque mis padres no me lo permitían para evitar que me enfermara. Eso era algo que habían escuchado de mis abuelos.

Mi habitación se convirtió en mi *refugio*. Perdía la noción de las horas que pasaba en *soledad,* imaginando historias con mis muñecas o bailando y cantando frente al espejo. Entre esas cuatro paredes y a mi corta edad, descubría mi pasión por escribir al desahogar mis pensamientos más profundos entre líneas que nadie nunca leyó, acumulando miles de hojas que narraban la historia de una princesa atrapada en un castillo y muchas otras cartas que describían lo que soñaba a futuro. También disfrutaba dibujar y colorear, un talento que me ayudaba a calmar la mente cuando me sentía distraída. Muy a menudo ordenaba cada cosa que guardaba para deshacerme de lo que ya no servía. Aprendía de todo lo que vivía que *acumular no significaba llenar vacíos*.

EN MEDIO DE LA NADA

Más de 10 años pasaron mientras crecía observando todo lo que ocurría a mi alrededor. Mi padre seguía trabajando como siempre y a mi madre la veía algunos fines de semana en los que compartíamos poco. Me convertía en una adolescente con una personalidad que combinaba algunos rasgos de lo que veía en mi padre cada día y un poco de lo que mamá nos había enseñado desde pequeños. Seria, ordenada y muy callada. Aprendí a guardar todo aquello que pensaba y sentía por querer permanecer siempre en un *lugar seguro*, dentro de mí. Intentaba mantener mi lado femenino en medio de cuatro hombres, mi papá y mis tres hermanos, que no tenían idea de cómo lidiar con una «mujercita». No tenía un patrón a seguir. Mis cortes de cabello, mi ropa y el estilo de vestir me hacían ver como un niño más.

Tenía pocas amigas. No me gustaba estar rodeada de mucha gente para no tener que explicar lo que pasaba en casa. En el preescolar donde estudié había conocido a dos niñas con las que seguí compartiendo en la escuela primaria. Ellas se convirtieron en mis hermanas de vida. Nos veíamos a diario en el colegio y al llegar a casa seguíamos hablando horas por teléfono. Siempre había algo que decir y eso me ayudaba a distraer la mente. Dormía muchas veces en sus casas para sentir el calor de un hogar. Con el tiempo, sus familias me consideraron como parte de ellas, por lo cual siempre estaré agradecida. Ellas dos, sin duda, me acompañaron sin juzgar. Aceptaban que cada proceso en mí formaba parte de un aprendizaje, una etapa en la que superaba una situación que nosotras como niñas no entendíamos, pero que de alguna manera me ayudaron a sobrellevar.

Por otra parte, era normal que en el colegio donde estudiaba algunas personas me señalaran de malhumorada, de egoísta y hasta de «diferente», por lo que no se acercaban a mí. Lo que no sabían era que detrás de esa *coraza* con la que aprendí a defenderme, se encontraba una pequeña en busca de respuestas. Deseaba ser parte de los grupos populares en el que todas las niñas lucían bonitas y se veían felices por tener una familia. O al menos eso era lo que yo creía.

Mi padre, a pesar de que seguía cuidando de nosotros y dando lo mejor de sí para que *no nos faltara nada*, nunca se detuvo a escuchar en medio de sus ruidos lo que mis hermanos y yo sentíamos. Para él era suficiente saber que estábamos «bien», porque nos veía cada día en casa al volver del trabajo, como si nada pasara. Ahora me pregunto: ¿cómo hacía él para aparentar estar bien también? Mi

31

madre ya había hecho su vida viviendo sola en una nueva casa a la que seguíamos visitando, como quien comparte con un desconocido. Al final, la ausencia se hacía notable, aunque estuviese presente. No había muchas palabras ni demostraciones de afecto por parte de papá y de mamá hacia nosotros. Por lo que, de alguna manera, mis hermanos y yo estábamos replicando lo mismo. Ahora entiendo que los *patrones de desapego e independencia* ya se habían establecido para ese entonces.

Viendo en retrospectiva, me doy cuenta de que durante mi infancia existieron muchas interrogantes que eran imposibles de entender a mi corta edad. La soledad y el silencio se convirtieron en mis compañeros de camino. Me tocó crecer y madurar de manera acelerada y viviendo experiencias en las que la comunicación entre mis padres, mis hermanos y yo nunca se hizo presente. Cada uno callaba sus pensamientos y sentimientos. Al parecer ninguno se conocía a sí mismo como para dedicar tiempo a conocer a los demás. Era como si cada uno viviera dentro de su propia *burbuja* sin importar lo que estuviera alrededor. Nunca hubo un «te quiero» y los abrazos estaban contados. La rigidez de la crianza proveniente de mis abuelos se hacía notar en las limitaciones con las que crecimos para expresarnos.

Sin embargo, en medio de esa ausencia emocional, apareció alguien que dio una luz de esperanza a mi corazón. Se trataba de un chico que llegó a estudiar en mi salón de clases en la escuela secundaria, mientras yo hablaba con una de mis amigas. Al verlo, me sentí atraída hacia él y de inmediato me interesé en conocerlo. No se me hizo fácil hablarle al principio y mis inseguridades me mantuvieron al margen durante al menos un año, tiempo en el que descubría la manera de hacerle saber que me gustaba, aunque él no se fijaba en mí, haciéndome sentir cada vez más invisible.

Bastaron un par de conversaciones después de varios meses de aquella primera vez que nos vimos, en las que él se permitió conocerme y compartir algunas cosas conmigo cada día en medio del horario de clases. Finalmente, permanecimos juntos por cuatro años en una relación de noviazgo. Fue mi primer amor, ese que todos pensamos que será para siempre. Ese que me enseñó a sentirme bonita, valiosa y amada, a pesar de que yo aprendía cada día a expresar los sentimientos que nunca había experimentado ni había visto en mi familia. Él acompaño mi soledad por mucho tiempo, con un sentimiento de posesividad en el que lo celos estaban a la orden del día, lo que inevitablemente terminó destruyendo la confianza entre nosotros hasta decidir separarnos a pesar de estar enamorados.

A veces no somos conscientes de todo el mal que hacen las palabras. Decimos lo que creemos que está bien para nosotros, sin pensar en cómo eso puede afectar a los demás. Muchas veces, incluso, elegimos callar para evitar conflictos. En ambos casos se genera una brecha en las relaciones en la que es imposible continuar como si nada pasara. El final siempre se acerca cuando no somos capaces de sanar y perdonar. Ya para ese entonces sentía que era mejor evitar seguir haciéndonos daño y fui yo quien decidió escapar. Seguramente el mismo sentimiento habría tenido mi madre cuando decidió irse y dejar a mi papá.

Asumiendo mi cobardía y dejando a un lado el amor que sentía por orgullo, mi corazón se fue endureciendo hasta preferir estar sola de nuevo, alegando que no permitiría que alguien más controlara mi vida, sin darme cuenta de que realmente nunca nadie lo hizo. El simple hecho de permanecer junto a esa persona durante tantos años me hizo entender que cada uno decide cómo será la relación desde el principio. Ambos extraños que empiezan a compartir una vida deben ir enlazando cada cosa a lo largo del camino. Nadie debe imponerse sobre el otro. Todo es cuestión de aprender a conocerse.

Después de ese final, no tenía la intención de enamorarme de nuevo, sin embargo, se hicieron presentes en el camino un amor platónico de quien inventé una historia que nunca se hizo real, y otro chico con quien tuve una relación bonita, pero que decidí terminar por no sentirme preparada para casarme cuando él sí lo estaba, evitando así ser egoísta al mantenerlo atado. Paradójicamente se convirtió en mi mayor despecho, ese del que escribía en las redes sociales en medio de la separación, como si a alguien le importase lo que yo estaba viviendo. Luego, muchas historias de amores casuales, mientras me fui *desconociendo* poco a poco y restando valor a mi vida, dándole paso a quienes creía que podrían hacerme sentir mejor de alguna manera.

UN GIRO INESPERADO

Al terminar la escuela secundaria, llegó el día de elegir la carrera que iba a seguir como profesional. No tenía idea de a qué dedicarme. De lo único que estaba segura en aquel momento era que no quería ser como papá y mamá, viviendo entre un montón de papeles y números, ya que ambos son contadores públicos, y mucho menos copiar el ejemplo de condenarme a un empleo como el de mi padre, el cual nos impidió disfrutar tiempo de calidad juntos. Mis dos hermanos mayores ya habían obtenido sus títulos universitarios y mis padres se sentían orgullosos de ellos. Yo, por supuesto, quería hacerlos sentir igual. Entre miles de opciones, elegí estudiar la carrera técnica de educación inicial por considerar que podría ser algo divertido, en donde emplearía mis talentos de dibujo y escritura que había desarrollado desde pequeña. Pero, al estar en la práctica, mientras estudiaba, descubrí mi escasa paciencia con los niños, algo sin duda, incompatible con esa decisión. No podría ser de otra manera, hasta ese entonces mi vida había estado rodeada de adultos y yo me sentía como uno más. En vista de eso, supe inmediatamente que no era lo que quería. Así que decidí no perder mucho tiempo en continuar, a pesar de que algunas personas me decían que terminara lo que había empezado para poder generar ingresos pronto. Eso implicaba hacer lo que no me gustaba. Entonces me pregunté: «¿Vale la pena sacrificar unos años estudiando una profesión que no iba a hacerme feliz por el resto de mi vida?» Definitivamente, no.

En esa época, yo solía pasar gran parte de mi tiempo con una chica que se graduó conmigo de la escuela secundaria. Es de esas personas que te inspiran con solo escucharla. Tenía la habilidad para describir el sentimiento de lo que pensaba y con sus historias era capaz de hacerme pasar horas queriendo descubrir cosas que yo ni siquiera imaginaba que existían. En poco tiempo se convirtió en otra de mis compañeras de camino con la que conecté de una manera espiritual. Ella y su madre también me hicieron sentir como parte de su familia. Éramos diferentes en muchos sentidos. Yo elegía vestirme siempre de color negro, como si fuera la parte oscura, callada y encerrada. Ella comúnmente vestía de blanco, como la luz llena de sabiduría. Era algo que nos identificaba. A pesar de eso, contradictoriamente, también teníamos algunas cosas en común. Disfrutábamos salir a caminar durante horas y hablar de lo que viniera a nuestra mente. Solíamos pasar días enteros juntas y compartimos nuestras historias. Nos entendíamos a la perfección.

Ella siempre estuvo obsesionada con estudiar Medicina. Me mostraba sus investigaciones y creaba en mí una conciencia acerca del cuerpo humano. Era increíble conocer tantos detalles e ir descubriendo cada vez más que su vocación era innata. Entendía que me gustaba lo relacionado con el mundo de ciencias de la salud, sin embargo, no me sentía preparada para ser médico. Poco a poco sus enseñanzas fueron una pieza clave para mostrarme lo que a partir de allí se convertiría en mi nueva *pasión*: los *laboratorios clínicos.*

Soñamos con tener una clínica propia en la que ella fuese la doctora de cabecera y yo quien hiciera los exámenes de sangre a sus pacientes. Esa idea me movió a querer lograrlo. Así que de un momento a otro me enfoqué en entrar en la universidad pública de la ciudad donde vivía, la misma en donde se habían conocido y graduado mis padres. Muchas veces había sentido *resistencia* a estudiar allí sin saber por qué. Quizás me abrumaba el hecho de asumir un reto de esa magnitud en el que solo pocas personas eran aceptadas.

Dejando el miedo a un lado, en menos de 3 meses estudié para la prueba de admisión de *Bioanálisis*, mientras mi amiga estudiaba para la de Medicina. Presentamos cada una el examen correspondiente y, como es de esperarse, yo reprobé debido a mis escasos conocimientos. Mientras que ella, que tenía mucho más tiempo estudiando, sí lo logró. Eso no fue motivo de desánimo para mí, al contrario, todo ese año me dediqué a estudiar a tiempo completo y a investigar un poco más acerca del mundo que me esperaba. Mientras tanto, logré también trabajar como asistente en un laboratorio clínico. Esto me permitió comprobar que, sin antes tener idea, ahora anhelaba formar parte del detrás de cámara de la investigación en el campo médico. Entonces fui por ello y lo conseguí.

Entendí que muchas veces rechazamos oportunidades, no por falta de interés o de capacidades, sino por falta de *información*. Nos dejamos llevar por el cerebro primitivo, por el cual evitamos el peligro de entrar en lo desconocido. Muchas veces decimos «no», solo porque otra persona nos dice que no funcionará, sin siquiera intentarlo. Ahora agradezco a quien de alguna manera me mostró todo lo que necesitaba saber para tomar una decisión certera. Y me agradezco a mí por permitirme escucharla sin cuestionarla con ignorancia. Con frecuencia dejamos pasar aquello que podría cambiar nuestra vida o abrir paso a un mundo de cosas nuevas porque nuestro ego nos hace creer que «lo sabemos todo». La mayoría de las veces nos cerramos a escuchar, para finalmente quedarnos estáticos en un lugar en el cual ya no florecemos.

DESCUBRIENDO EL ORIGEN DE TUS CREENCIAS

1. ¿Cómo te recuerdas de niño?

2. Haz una lista de los momentos positivos y negativos que recuerdas de tu infancia.

3. ¿Cómo recuerdas tu hogar familiar?

4. ¿Cómo fueron tus padres durante tu niñez?

5. Si tienes hermanos, ¿qué admiras o rechazas de ellos y por qué?

6. Haz una lista de las cosas que disfrutabas y te hacían feliz cuando eras pequeño.

CAPÍTULO 2
SIGUIENDO A LA INTUICIÓN

No se trata solo de escuchar.
Se trata de sentir.

Inicié entonces mi camino de preparación profesional en el área de la Salud. El simple hecho de ser admitida en una de las universidades más reconocidas de mi país ya era un gran logro para mí. Desde el primer día conocí personas maravillosas que con el tiempo aún permanecen en mi vida. Esas personas llegaron para mostrarme que el mundo no era tan aburrido como yo pensaba. Me enseñaron la humildad, eliminando cualquier excusa que se presentara en el camino para lograr lo que deseara, al mostrarme cómo algunos habían dejado su ciudad y a sus familias para ir a estudiar en ese lugar, lo que me hacía recordar que mi soledad no era mayor que la de ellos. Fueron personas que también me enseñaron a sonreír un poco más, compartiendo momentos de diversión dentro y fuera del horario de clases. Cada uno de ellos aportó un gran valor a mi vida, convirtiéndose en los mejores amigos, cosechando lealtad y buenos recuerdos, compartiendo a diario una vida de gratos momentos. Cada uno tenía una historia que contar, sin embargo, decidimos crear una nueva entre todos.

La escuela de Bioanálisis y los laboratorios de práctica se

convirtieron en nuestro hogar, en el que pasamos días enteros aprendiendo y disfrutando de acostarnos en el piso después de haber compartido nuestra comida entre todos –aunque fuese solo un sándwich– y en donde nuestra mayor preocupación era saber si obtuvimos una buena nota en el examen. Terminamos cada tarde en la casa de alguna de las personas de mi grupo de estudio para seguir compartiendo y riendo, haciendo de cada día un viaje liviano. Fueron momentos inolvidables, de esos que, mientras pasan, no los valoramos como deberíamos y que, cuando ya no existen, los extrañamos.

Fue una época en la que me sentía libre. Ya había superado las críticas de mi niñez y tenía una mejor relación conmigo misma en cuanto a *autoestima* se refiere. Cuidaba mi apariencia y empecé a verme un poco más femenina. Me relacionaba mejor con las personas, a pesar de que algunas veces aún me encerraba dentro de mí. Mis nuevos compañeros de clase simplemente me aceptaron como soy desde el principio. Así como yo lo hice con ellos.

Cinco años de estudios en el alma máter, los cuales me prepararon tanto profesional como personalmente. Fue un camino de experiencias en las que, entre tantas otras cosas, tomé la decisión de separarme de mi padre por primera vez. Me mudé a otro lugar aun cuando seguíamos estando en la misma ciudad. Recuerdo esa habitación en una residencia estudiantil que estaba a pocos minutos de la universidad. Compartía con una desconocida con la que aprendí a romper el paradigma que traía desde casa de vivir solamente con mi padre y mis hermanos. El reto no sólo implicaba estar por primera vez fuera de la tutela de papá, sino poner en práctica todo aquello sobre independencia y trabajo, haciendo referencia a lo que había aprendido durante mi infancia.

Mis calificaciones en clases siempre fueron lo suficientemente buenas a pesar de que no dedicaba horas a los estudios por tener que dividir mi tiempo entre la universidad y el trabajo. Para ese entonces estaba aprendiendo un poco de farmacéutica. Era empleada por las noches y los fines de semana en una de las franquicias de farmacias más populares de mi país. Fue una experiencia satisfactoria el poder ser parte de un equipo de trabajo maravilloso. Sin embargo, tenía poco tiempo para mí y para compartir con mi familia. *Mi vida estaba programada para estudiar y trabajar.* Sin hacerme consciente de que empezaba a repetir los patrones que había querido evitar.

Me gradué en el tiempo correspondiente a la carrera, logrando la meta que me había propuesto cinco años atrás con mi amiga que se estaba graduando de Médico el mismo año. Me convertí en otro orgullo con toga y birrete para mis papás, como lo había deseado anteriormente. Entendiendo que a pesar de que para todo padre es importante que sus hijos reciban educación y obtengan un título universitario, el conseguirlo depende de las metas y propósito de vida de cada persona. Jamás se debe hacer para cumplir con una *norma social* ni para complacer a otros, como lo había aprendido anteriormente cuando desistí de estudiar educación, ya que de esa experiencia solo quedará la frustración de haber ignorado el verdadero deseo interior.

Tenía 24 años cuando sentí que había obtenido en mi vida lo que a muchos les cuesta años conseguir: *libertad*. Ya no dependía financieramente de mis padres. Vivía caminando por el mundo sin pedir permiso ni perdón. De ellos solo sabía que ambos estaban bien. Mi madre seguía sola en la casa donde había decidido vivir desde que se separó de mi padre y papá aún vivía en la que había sido nuestra casa por tantos años. Yo había elegido conscientemente no verlos muy seguido. No sentía rencor por ellos, pero tenía la urgente necesidad de sanar y aprender a valerme por mí misma. Con mis hermanos hablaba muy poco, por no decir nunca. Uno se había casado, el otro seguía viviendo en otra ciudad y mi hermano menor pasaba una parte del tiempo con papá y otra con mamá.

Luego de graduarme me dediqué a trabajar durante algunos años en varios laboratorios de mi ciudad. Mi vida giraba en torno a guardias de noche y fines de semana de 24 horas dentro de ese espacio en el que me desconectaba de todo lo que ocurría afuera. Siempre me decía que la vida era todo aquello que pasaba mientras yo estaba de guardia, ya que al entrar en ese lugar me olvidaba de todo lo demás y el tiempo se paralizaba por completo. Trabajaba sin descanso. Me perdí cumpleaños, días festivos e incluso una vez recibí el Año Nuevo en la clínica. *Con los años me arrepentí de cambiar tiempo valioso con mis seres queridos por un empleo.* Entendí que no vale la pena sacrificar momentos por dinero, al final nada de eso se recupera. Era lo que una vez había juzgado en mi padre y ahora yo lo repetía inconscientemente. Pero fue, de alguna forma, mi manera de huir del mundo. Descubrí que prefería horarios en los que no tuviese que coincidir con mucha gente. La costumbre a la soledad se había hecho parte de mí.

Me gustaba usar bata blanca, me hacía sentir respetada. Luego aprendí que eso no me hacía más ni mejor persona. Solo me convertía en héroe para aquellos que confiaban en mi trabajo y me veían como alguien que podría ayudarlos a encontrar un diagnóstico a sus enfermedades. Amaba mi profesión. Disfrutaba descubrir un mundo en el que hay que *observar más allá de lo evidente* para obtener respuestas. Pasaba días enteros detrás de un microscopio buscando todo aquello que nadie más puede ver. Aprendí que un resultado *positivo* puede ser el inicio o el final de una vida. Descubrí que los profesionales de la salud nos repartimos entre muchas vidas cuando estamos dentro de un hospital e inevitablemente nos convertimos en familia de cada paciente, sintiendo su alegría o su dolor. Dentro del laboratorio y durante las guardias, yo era quien atendía a las personas para extraerles las muestras de sangre, quien las analizaba en los equipos automatizados o manuales y quien entregaba los informes con resultados a los médicos tratantes o a los pacientes directamente. A diario asistía a personas con todo tipo de males, lo que me enseñó a ser agradecida por estar sana y a no quejarme de un simple dolor pasajero, mientras otras personas luchaban con enfermedades incurables.

Fue entonces cuando conocí el significado de *empatía* y de *compasión*. La mayor parte de mi vida hasta ese momento había permanecido tan dentro de mí que no me había preocupado por mirar alrededor y descubrir que no era la única que tenía necesidades. Durante mucho tiempo me había comportado con egoísmo en varios sentidos, creía que todo lo que me pasaba era lo más importante y que requería toda la atención. Hubo un despertar de *humildad* y *servicio* hacia los demás. Trabajar dentro de las clínicas me ayudó a comprender que cada persona lucha su propia batalla y que detrás de cada uno, sin importar su edad, raza o clase social, hay un ser humano esperando a ser comprendido y a recibir ayuda en su situación física y emocional.

Eso también lo experimenté con personas con las que trabajé luego. Después de un tiempo, había decidido descansar por las noches y fines de semana, por lo que renuncié a ese turno. Sentía que envejecía lentamente de tantos trasnochos continuos. Elegí cambiarme a otro laboratorio con un horario por el día y hacer solo guardias ocasionales. Me relacioné de buena manera con cada una de las personas que trabajaban en mi nuevo empleo, aun cuando algunos me veían con admiración por ser la coordinadora del laboratorio. Sin embargo, el mayor respeto era de mi parte hacia ellos. Eran personas muy humildes, *entendiendo que la humildad no se refiere a pobreza*. Esas personas mantenían mi lugar de trabajo impecable en todos los sentidos. Mi admiración era para esos quienes, aun cuando ganaban poco dinero, vivían en zonas de bajos recursos y luchaban para darle lo mejor a sus hijos en medio de las dificultades, llegaban cada día con una sonrisa y la mejor disposición para atenderme. Hablar con ellos definitivamente me enseñó otra *perspectiva* de la vida.

DESCUBRIENDO-ME

Escuchar a mis compañeros de trabajo contarme sus sueños me hacía pensar en lo *afortunada* que soy. Me di cuenta de que lo tenía *todo* y no lo valoraba. ¿Te ha pasado alguna vez que te quejas de tu vida y cuando miras a tu alrededor entiendes que no te falta nada para ser feliz? Yo lo sentía con frecuencia. Hasta que en ese lugar decidí hablar a diario con cada uno de ellos. Quería conocerlos. En cada conversación entendía que mis preocupaciones no eran comparables. Entre las cosas que compartían yo escuchaba con atención: algunos soñaban con tener un carro, usaban transporte público para movilizarse o una moto en la que no cabía toda su familia. Otros deseaban solo tener un título universitario y algunos con un título de secundaria se conformaban. Pensaban de alguna manera que eso les ayudaría a tener un mejor ingreso. Otros simplemente cumplían sus sueños cada día con tener un plato de comida en casa para ellos y sus hijos. Y esas personas, eran las que compartían su almuerzo conmigo cuando no me quedaba tiempo de cocinar antes de ir al trabajo. ¡Qué gran lección me daban!

Del dueño de la clínica, que frecuentaba el laboratorio para asegurarse de que todo estuviera en orden, escuché la historia de cómo pasó de ser un joven emprendedor a ser un empresario. Él era un jefe humano en todo el sentido de la palabra. Reconocía el trabajo de sus empleados y nos incentivaba a dar lo mejor de nosotros motivándonos a adquirir un sentido de pertenencia en la labor que desempeñábamos. De él aprendí lo que es *liderazgo*. Sabía manejar personal con excelencia. Jamás nos ordenaba con autoridad o imposición. Por el contrario, respetaba los *talentos* de cada uno y la manera de hacer el trabajo, siempre que él obtuviera un resultado óptimo y eficaz. Era muy comunicativo. Se convirtió en mi guía y un gran amigo en ese camino laboral, enseñándome todo lo que estuviese a su alcance para mejorar mis conocimientos como Licenciada en Bioanálisis y como profesional en general.

Todos esos testimonios de éxito desde varias perspectivas me hicieron entender que *cada uno habla desde sus experiencias*. Me dejaron saber con certeza que *lo que es importante para alguien puede que no lo sea para otra persona*, sin que necesariamente esté mal alguna de las dos.

Casi 3 años resumieron mi vida en aquella esquina de una clínica de medicina ocupacional en la zona sur de mi ciudad, en la que decidí *aprender a aprender.* Me dediqué a escuchar y a observar. Me propuse hacer los días un poco más felices en aquel lugar y a *dejar una huella* de alguna manera. Entendí que *todos tenemos una historia* y que nadie tiene derecho a juzgar a otra persona sin conocer el porqué de sus actos.

Llegaba cada mañana sonriendo y agradeciendo a las personas que me ayudaban a mantener mi trabajo al día. Cuando me sentía desanimada recordaba todas las conversaciones con mis compañeros y me preguntaba: «¿Por qué trabajas en este lugar?», a lo que enseguida respondía: «¡Porque me apasiona, me permite ayudar a la gente y me hace feliz!» Eso me recordaba el motivo para seguir.

Cada día ponía un poco de música para alegrar el ambiente. Y comenzaba nuestra labor de tomar muestras de sangre, procesarlas y alistar los resultados. Hacíamos un buen equipo, mis dos chicas y yo: una asistente y una secretaria que me hicieron descubrir que tenía dos manos derechas. Nuestro trabajo siempre fue de excelencia, nos apasionamos con lo que hacíamos. Cada día, un par de horas antes de terminar el horario, aprovechábamos el tiempo para compartir algún postre o algún cuento. Esos valiosos momentos que luego se convertirían en los mejores recuerdos.

Entre nuestras conversaciones siempre surgían momentos de reflexión en los que nos preguntábamos: «¿Qué nos hace falta para lograr lo que queremos?» Recuerdo que una de ellas deseaba ser médico y dejó su sueño a un lado porque su esposo le decía que ya estaba muy «vieja» y que con 2 hijos pequeños eso no era posible;

ella tenía 29 años en ese momento. Yo la alentaba para que hiciera lo que dictara su corazón. Me satisface saber que finalmente después de unos años lo logró y obtuvo su título como Médico Integral. La otra chica soñaba con casarse y tener hijos. Actualmente, es mamá de tres pequeños hermosos. Yo solo deseaba viajar a París, con la torre Eiffel de fondo de pantalla en mi computadora. Era indignante que mientras hablábamos nos escuchábamos repitiendo las limitaciones mentales que teníamos impuestas por los demás, sin darnos cuenta de que nuestro potencial se estaba quedando en pausa.

En ese tiempo mi *rutina* estaba bien planificada. Trabajaba de lunes a viernes y en un horario muy cómodo que me permitía desayunar en casa con tranquilidad, algo que siempre me ha gustado hacer. Disfrutaba de mi café recién colado al despertar. Mientras me alistaba para salir, mirarme al espejo formaba parte de mi *ritual de agradecimiento*. Escuchaba mensajes de motivación mientras me vestía para comenzar mi jornada con energía. Pasaba parte del día en el laboratorio, lo cual me hacía sentir útil y productiva ejerciendo la profesión que elegí. Hacía ejercicios al aire libre cada tarde al salir del trabajo, agradeciendo mi salud y la experiencia del día vivido. Leía libros cada noche antes de dormir. Tenía un carro nuevo, compraba ropa y zapatos cada mes. Iba a la peluquería a arreglarme el cabello al menos 2 veces a la semana. Comía en restaurantes y compartía con mis amigas cuando y donde quería. Atesoraba lo que podría considerarse «una *vida perfecta*». La que ninguna de esas personas con las que compartía tenía. Lo que en ocasiones incluso me hizo sentir, de manera errada, superior a ellas.

Después de haber vivido tanto tiempo en casa de mis padres y de vivir sola por mi cuenta, había algo dentro de mí que anhelaba conocer más. La vida se estaba volviendo predecible dentro de una ciudad en la que mi círculo social frecuentaba siempre los mismos lugares. Salía cada fin de semana a bailar. Conocía cada vez a más personas y de manera inesperada me fui mezclando con el mundo de la farándula sin ser famosa. Al menos una vez al mes asistía a conciertos de artistas locales y, en ocasiones, internacionales. Muchas de mis amigas querían estar ahí sin saber que existía algo más detrás de lo evidente: una combinación entre drogas y alcohol para aumentar la adrenalina del momento. Sin embargo, *el que yo estuviese con ellos no me obligaba a hacer lo que no quería.* Nunca he estado de acuerdo con el dicho que dice: «Dime con quién andas y te diré quién eres». Al final, *cada persona siempre tiene el poder de elegir entre ser y no ser y eso no está definido por el medio que lo rodea.* Se trata de *identidad.* En ese caso yo estaba consciente de que lo que buscaba era *atención,* no destrucción. Sabía que todo lo que hiciera tendría consecuencias y realmente no estaba preparada para asumirlas. Era un mundo completamente opuesto a la soledad a la que había estado acostumbrada, con la diferencia de que allí me sentía atractiva y, de alguna manera, conocida. Estaba saliendo del anonimato.

Llegó el momento de hacer un cambio notable en mi autoestima. Por fin logré aumentar mi busto, algo que había deseado desde siempre para dejar de ser «un niño más» y diferenciarme de mis hermanos. Pasé de llevar pantalones a usar vestidos y sobresalir en medio de la multitud. En ese tiempo solía salir a divertirme con frecuencia. Visitaba restaurantes, discotecas y cualquier lugar en el que coincidiera con personas conocidas con la intención de salir del encierro en el que me había mantenido durante tanto tiempo. Creía que, de alguna manera, eso me hacía feliz. Me preocupaba por mi apariencia porque debía estar siempre lista para «las fotos». Nunca consumí ningún tipo de drogas ni fumé cigarrillos. En ocasiones el alcohol me hacía olvidar los huecos internos, mas entendí claramente que en realidad no los llenaba de ninguna manera.

Empecé a conocer lo superficial de querer encajar. ¿Te has descubierto alguna vez intentando buscar en otros lo que no encuentras dentro de ti? Yo lo hice de manera descontrolada. Me dediqué a coleccionar desamores tapándome los ojos ante la consciencia de que ninguno de ellos reconocía mi *valor*. A decir verdad, yo tampoco lo hacía. Estaba buscando compañía en los lugares menos indicados y con la intención equivocada. *Inevitablemente recibía lo que atraía según el ambiente en el que me desenvolvía.* La probabilidad de encontrar a un hombre que me tomara en serio era casi nula en medio de gente que solo quería divertirse. Sin embargo, seguía. Mis vacíos emocionales creaban la ilusión de conseguirlo cada vez que conocía a alguien.

Se me hacía difícil pensar que «teniéndolo todo», tanto físico como material, no hubiese una persona capaz de tener una relación seria y estable conmigo. Era una mujer rubia, bonita, con buen cuerpo y, para ese entonces, más alegre de lo que había sido durante mi adolescencia. Tenía las características que, *según los estereotipos sociales*, cualquier hombre pudiese desear. «¿Por qué no se fijaban en mí como quería?», me preguntaba. Más tarde, entendí que *era incongruente creer que podía recibir algo que yo no estaba dispuesta a dar.* Para ese momento todos mis pensamientos y actos giraban en torno a la «libertad» y el no querer sentirme atada por nada ni por nadie. Disfrutaba el hecho de poder hacer lo que quisiera sin dar explicaciones. Realmente no estaba preparada para dar ese amor del que yo tanto necesitaba y mucho menos para hacer responsable a otra persona de entregármelo.

Era predecible el hecho de empezar una relación con alguien y que a los pocos días se marchara sin decir nada. Era como tener un deja vu continuo de mi infancia. No me daba cuenta de que mientras no sanara el sentimiento de abandono establecido durante mi niñez, ninguna persona podría permanecer a mi lado. *Inconscientemente yo los rechazaba de alguna manera, creyendo que eran ellos quienes me rechazaban a mí.* Además, nunca dedicaba el tiempo para conocerlos por el hecho de no conocerme a mí misma. Lo único de lo que estaba segura para ese entonces era de que buscaba compañía.

Veía a muchas mujeres ser maltratadas psicológicamente por sus parejas y pensaba que de alguna manera yo estaba viviendo lo mismo, pero no hacía nada para cambiarlo. Seguía detrás de cualquiera que me mostrara una sonrisa bonita, aunque eso causara después lágrimas de indignación y arrepentimiento. En ocasiones nos dejamos llevar por las emociones, culpando a otros de nuestras desgracias, pero no dedicamos tiempo a mirar dentro de nosotros y hacernos responsables. Me aterraba el hecho de no tener estabilidad emocional e inventaba historias para disfrazar la ausencia de un hombre que permaneciera junto a mí. Sin darme cuenta de que era yo quien creaba mi realidad. No aceptaba que realmente ninguno de ellos existió.

Sin embargo, hubo alguien que, en medio del caos emocional, permaneció casi dos años de su vida conmigo en una relación informal. Una de esas relaciones abiertas que van y vienen sin responsabilidades. De esas que muchos jóvenes suelen experimentar. En las que cada uno hace lo que quiere, como quiere y cuando quiere. ¡Nada sano, por cierto! Ambos estábamos conscientes de que no era lo correcto para ninguno, pero el hecho de «pasarla bien» era suficiente razón en ese momento para seguir. No estaba enamorada y él mucho menos. Ambos nos entendíamos de buena manera al estar juntos y disfrutamos de compartir algunas cosas como salidas a comer, reuniones con amigos, cumpleaños e incluso algunos viajes.

Un embarazo fue el detonante para ese entonces. Siempre cuidándome por saber que no estaba preparada para ser madre y menos en medio de tanta inestabilidad. Llegó el mes de descanso entre anticonceptivos en el que mis hormonas hicieron su trabajo. Los malestares y el cambio en mi cuerpo lo hacían cada vez más evidente. Se despertó en mí la ilusión de tener una familia. Así que después de asegurarme del resultado positivo, fui inmediatamente a hablarlo con él.

Nos encontramos en un centro comercial cercano a mi casa. Los nervios del momento se mezclaban con la emoción de la noticia. Había pasado al menos un mes desde la última vez que nos vimos. No era normal que lo hubiese citado para encontrarnos de esa manera en medio de la tarde de un día entre semana.

Al tenerlo de frente quizás un gesto me delató. Respiré profundo y sonreí para empezar a hablar, cuando de pronto me interrumpió diciendo con un tono de sospecha y desconfianza:

—¿Qué pasa ahora? ¿Acaso vienes a decirme que estás embarazada?

Mi expresión cambió por completo al ver cómo su rostro se

endurecía. No era la reacción que esperaba de él después de tantos momentos «bonitos» que habíamos vivido juntos.

Borré mi sonrisa inmediatamente.

—¡Sí, lo estoy! Vamos a tener un hijo. —afirmé.

Enseguida me miró fijamente a los ojos. Su rostro reflejaba la inseguridad que proyectó con sus palabras.

—¡No es mío! No puedo aceptar que lo sea. Ni siquiera tenemos una relación formal. No sé si, así como estás conmigo, estas con otros —dijo.

En ese momento, un sentimiento de indignación y rabia recorrió mi cuerpo de pies a cabeza. ¿Cómo era posible que dudara de mi palabra y más aún de que estuviese embarazada de él? ¿Acaso pensaba que yo era una cualquiera? Si era así, no lo quería cerca de mí ni de mi hijo. «No necesitaba a mi lado a un hombre que no creyera en mí», me decía mentalmente. Así que respiré profundo, armándome de valor.

—Ok. Si tú estas seguro de que este hijo no es tuyo, ¡vete! Pero te vas para siempre. No quiero saber de ti jamás. Y nunca conocerás a nuestro hijo —aseguré.

A lo que él, sin decir una palabra y tomando lo que dije como un mandato, se dio media vuelta y se marchó.

En medio de tantos sentimientos encontrados para mí en ese instante, no sentí que el mundo se venía abajo en ningún momento. Solo me preocupaba lo que le diría a mi familia y a las demás personas cercanas cuando vieran que me convertiría en una madre soltera. Eso no era lo que había deseado para mi vida. ¿Cómo pudo pasarme a mí? Mi mente recordaba constantemente la «cobardía» de aquel hombre que no estaba dispuesto a dar la cara al momento de enterarse de que un hijo venía en camino. Ese que nos dejó y prefirió actuar como si nunca me hubiese conocido.

Muchas interrogantes venían a mí: ¿Qué pensarán los hombres cuando se separan de una mujer embarazada dejando a un lado el sentimiento y la responsabilidad como padres? O peor aún, ¿con qué conciencia viven aquellas madres que acaban con la vida de los hijos por no sentirse aceptadas por sus parejas o por la sociedad? No entendía cómo algunas personas son capaces de abandonar una semilla de vida sembrada, como quien desecha algo que ya no le sirve. Me pregunté entonces ¿cuál es el significado de traer hijos al mundo si no es con el propósito de formar una familia estable y llena de amor? ¿Acaso estaba entrando en esa estadística de personas irresponsables que traen niños a sufrir las consecuencias de malas decisiones y carencias de todo tipo, solo por no planificarlo de la manera adecuada?

Sabía que yo era tan culpable como mi pareja por tener un embarazo no programado y en medio de esa clase de relación sin futuro. Pero yo no hubiese sido capaz de dejarlo. Por el contrario, estaba feliz de saber creciendo dentro de mí una luz de *esperanza*. Pedía a Dios que todo estuviera bien y que me diera sabiduría. Estaba segura de que era capaz de criar a un hijo sola, porque había visto el coraje de mi padre para hacerlo con mis hermanos y conmigo. Además, tenía el apoyo de toda mi familia, quienes estaban emocionados por la llegada de un nuevo miembro. Dicen que los hijos son sinónimo de felicidad y bendición en el hogar. Soy de las que piensa que depende de la situación y el entorno en el que vengan al mundo. Yo realmente no sabía lo que sentía en ese momento y, por lo visto, el papá del bebé tampoco. No sabía si estaba preparada para ser madre, o, mejor dicho, si era algo que quería para mi vida. La presión social indica que, si no tienes, o mejor dicho si *no quieres* tener hijos, algo anda mal contigo, sin preguntarse cuáles son las razones por las cuales tomas esa decisión.

Para entonces y en medio de mi frustración como mujer por el hecho de sentirme rechazada por el padre de mi hijo, no era consciente de que estaba colocando sobre él toda la culpa de nuestra separación. Alegaba que él me había abandonado y defendía mi parte de que, en medio de todo, yo era la víctima. ¿Cómo era posible que pensara de otra manera? Estaba viendo la situación solo desde mi perspectiva.

Ahora que han pasado 7 años desde aquel suceso y con la conciencia tranquila de haber aprendido la lección, puedo decir que yo fui tan culpable como él de cómo se dieron las cosas. Así como ocurre con muchas mujeres que pasan por la misma situación. No justifico el hecho ni la reacción de los hombres en esos casos, pero la entiendo. En mi experiencia, ambos estábamos conscientes de que solo buscamos divertirnos. Nuestros encuentros eran esporádicos y la mayoría de las veces en medio de la euforia de un momento de celebración de algún evento especial. No teníamos planes de establecernos ni formar una familia. Así como él no estaba seguro de ser el único en mi vida, yo tampoco podría afirmar el caso contrario. ¿Cómo esperaba yo que él reaccionara de otra manera? Era exigir algo para lo que previamente no habíamos establecido compromiso ni firmado algún acuerdo. Con el tiempo y en mi sabia madurez, después de entenderlo, lo perdoné y me perdoné a mí misma. Descubrí que no podía seguir guardando rencor por algo que yo permití que pasara.

Con esto también me dediqué a observar mi alrededor y darme cuenta de que no era la única que vivía un proceso similar. Incluso algunas personas cercanas han pasado por experiencias en las que se sienten abandonadas o rechazadas por sus parejas. Me dediqué, de alguna manera, a evaluar los patrones de conducta, y en la mayoría de los casos coinciden. Mujeres solas con hijos de hombres que no se hacen responsables y hombres que embarazan a diferentes mujeres sin pensar en las consecuencias a futuro. Es necesario descubrir en cada uno cuál es la causa que los lleva a sufrir estas consecuencias. No depende de quién sea culpable y quién la víctima. Se trata de extraer conscientemente el origen de la situación para poder sanar y no repetirla. Al final y en medio de todo, los adultos superan esos eventos de diferentes maneras, siendo la más común con otra pareja. Sin embargo, más allá de lo evidente y de lo que parece ser «normal» en nuestra sociedad actual, está el hecho de que los niños resultado de esas uniones –o desuniones– crecen con la experiencia de ver cómo en medio de las diferencias entre sus padres y el culparse el uno al otro por la separación, ellos asumen una conducta repetitiva a lo largo de sus vidas, en las que *tarde o temprano terminarán abandonando o siendo abandonados.* Provocando en la actualidad la casi inexistencia de lo que se conoce como «familia», representada por papá, mamá e hijos en un hogar lleno de amor y respeto. Considerando la separación como la solución a todos los problemas.

Volviendo a lo que era mi vida en aquel momento, todo seguía transcurriendo de la misma manera en cuanto a mi rutina laboral, mas había dejado por completo el mundo de la farándula a un lado.

Ya tenía 6 semanas de embarazo y no paraba de pensar en cómo sería mi vida cuando naciera mi bebé. Me estaba ilusionando con la idea de ser madre, a pesar de que no era algo que hubiera soñado alguna vez. Poco a poco me acostumbraba al sentimiento de traer un hijo al mundo incluso cuando en ese momento no me consideraba un buen ejemplo para él o ella.

Una tarde, al llegar de un turno de 36 horas continuas en el laboratorio donde hacía guardias, sentí un dolor insoportable en mi vientre. Estaba cansada por haber trabajado día y noche. Me sentía un poco débil. No había dormido ni comido bien y con frecuencia me daban ganas de ir al baño con la sensación de un malestar estomacal. En una de esas veces que fui, me di cuenta de que estaba manchando mi ropa interior con un poco de sangre. Un temblor recorrió mi cuerpo inmediatamente como si perdiera la fuerza. Mi reacción inmediata fue llamar a mi madre por teléfono y le comenté lo que pasaba, ya que para ese entonces nuestra comunicación había mejorado notablemente. Al salir de mi turno laboral me fui a su casa a descansar. Mamá estaba en el trabajo y aún no llegaba, así que decidí acostarme quedándome dormida por un par de horas. Al despertar, la cama llena de sangre me obligó a correr al baño. El miedo invadió mi mente y mi corazón. Solo pensaba en mi bebé y en que todo estuviese bien. De pronto, vino a mí la necesidad de pujar muy fuerte y, después de un grito de dolor, tuve en mis manos un pequeño saco blanco de aproximadamente 1 cm de largo. Quedé paralizada. Podía ver dentro a una parte inolvidable de mí. Mi bebé se había ido para siempre. Lo había perdido sin tener nada qué hacer para recuperarlo. En ese momento, el malestar en mi vientre había desaparecido, pero el dolor en mi corazón marcó el inicio de una conciencia diferente en cuanto a lo que había sido mi vida hasta ese entonces. Perderlo fue una cachetada de la realidad. Fue poner los pies sobre la tierra y darme cuenta de que, detrás de toda esa farsa de amores casuales, al llegar a casa todo volvía a ser como antes. Seguía sola, a pesar de estar rodeada de tanta gente.

Nunca supe cómo el papá de mi hijo se enteró de que ya no estaba. Seguramente alguno de los conocidos que teníamos en común le hizo saber lo que pasó. Sin embargo, él jamás apareció. Finalmente, no había nada de qué «preocuparse». Por mi parte, yo estaba decidida a hacer un cambio y para lograrlo solo necesitaba *convertir esa mala experiencia en una lección de vida.*

Cerré ese capítulo de mi historia con mi primer tatuaje. Era el símbolo de un infinito entrelazado con las palabras *amor* y *vida*, en representación de un sentimiento que trasciende más allá de la existencia en este plano. Ese que me enseñó a saber que:

Se ama la vida desde el mismo momento en que existe. Incluso se ama cuando deja de existir. Se vive el amor cuando nos da la vida y también se ama cuando nos hace morir. No hay vida sin amor, pero puede haber amor sin vida. Alguien que se ama de verdad nunca muere, es amor infinito. Solo ama quien sabe el significado de la vida y sólo vive quien sabe qué significa el amor.

Poema escrito por mí, dedicado a mi hijo.
Julio 16, 2013.

NO NECESITO ALAS PARA VOLAR

Después de superar la pérdida y de sentir la necesidad de mejorar algunas cosas en mi vida en cuanto a lo que había experimentado y aprendido durante los últimos años sobre relaciones, entendí que la más importante de todas y la que debía mejorar antes que cualquier otra cosa, era *la relación conmigo misma*.

Detrás de aquella muchacha que todos veían seria e inexpresiva, había una niña rebelde empeñada en hacer las cosas a su manera. Seguía viviendo libre. Había aprendido a conseguir lo que quería en cualquier aspecto de mi vida al darme cuenta de que todo dependía de mí. Siempre que me enfocaba en lo que deseaba y lo lograba, muchas veces sin saber cómo. Eso me enseñó que era capaz incluso de volar. Y eso fue lo que hice.

Tras tantas historias de amores frustrados en las que ninguna de las relaciones de pareja que había intentado funcionaron. En las que el abandono seguía reflejándose como un *patrón repetitivo*. Y tras correr detrás de lo que se suponía era *felicidad*. Llegó el día en que una de mis dos amigas de la infancia con la que había compartido gran parte de mi niñez me dijo que se iba del país y me propuso irme con ella. Por un momento mi mente se detuvo y sentí que no estaba preparada para hacer un cambio de esa magnitud. Pero, por otra parte, me dije que era el mejor momento para escapar de esa *realidad* en la que yo había decidido caer y ahora no sabía cómo salir. Solo había dos opciones: quedarme y seguir en más de lo que ya conocía o irme y empezar de cero en un lugar del que no tenía idea. Debía elegir por mi futuro. Estaba cansada de tener compasión conmigo. Así que sin pensarlo de nuevo me dispuse a *cambiar*. En ese instante, aprendí que lo quieres en la vida está a una *decisión* de distancia. Entonces, lo hice. No me solté. Solo me di cuenta de que nada me sujetaba.

Todo lo que quizás hubiese podido detenerme, realmente no existía. Mi familia seguiría estando en el mismo lugar y tenía la convicción de verlos de nuevo algún día cuando regresara o cuando ellos pudieran visitarme. Nada me ataba a aquel país, ni mucho menos a aquella ciudad, a pesar de que había nacido allí. Sabía que mis raíces seguirían siendo parte de mí a donde quiera que fuese.

Así que preparé todo sin decirle a nadie, como era costumbre cuando hacía planes. Crecí con la idea de que si le contamos a la gente nuestros proyectos algo puede salir mal. Escuchaba a menudo que la envidia existe y que a nadie le gusta ver sonrisa en cara ajena. Con el tiempo superé esa creencia. Entendí que formaba parte de la escasa comunicación que existió desde siempre en mi familia y con la que mis padres también crecieron, por lo que no hablaban acerca de sus intenciones para evitar opiniones en contra. Ahora estoy segura de que *nada ni nadie puede interrumpir los planes que Dios tiene para nosotros*. Como dicen por ahí: *Cuando las cosas son para ti, ni aunque te quites evitas que lleguen. Y cuando no lo son, ni aunque te pongas las recibes.* Por lo tanto, las supersticiones están de más.

Con mi pasaje en la mano fui a despedirme de quienes realmente importaban: mi familia y mis verdaderas amigas.

Comenzaría por mi padre. Al llegar a su casa le comenté que tenía una noticia qué darle. Las conversaciones entre él y yo siempre habían sido muy puntuales y sin rodeos, por lo que sin pensarlo fui directo al tema.

—¡Me iré a vivir a Irlanda! —le dije en un tono afirmativo.

Mi padre se sorprendió cuando le conté que en unos días partiría. Sería la primera de nuestra familia en mudarse a otro país. Su pequeña niña ya no estaría a minutos de distancia, sino en otro continente, en Europa.

—¿En qué momento lo decidiste? —preguntó en tono confuso.

Brevemente le explique la propuesta de mi amiga, ignorando la razón principal de mi partida: huir de todo lo que me rodeaba.

Le comenté convencida que mi amiga había encontrado una gran oportunidad para ir a estudiar inglés en Dublín. No iríamos solas, sus dos hermanos nos acompañarían. Mi padre la conocía a ella y a su familia desde que estudiamos juntas en el preescolar. Confiaba plenamente en que, si ella me había planteado irnos y que, si yo estaba de acuerdo en hacerlo, era sin duda algo en lo que debía apoyarme. Y eso fue lo que hizo.

Así que sin más explicaciones que las necesarias para estar seguro de que yo estaría bien, lo abracé muy fuerte y me fui. ¡Sin duda lo extrañaría!

Lo que siguió después fue despedirme de mi madre y de toda mi familia. Mis tíos y primos se reunieron en la casa de mis abuelos para desearme lo mejor en mi nueva etapa. Me despedí por una semana entera de mis amigas más cercanas, a ellas sin duda las recordaría cada día por tantos momentos compartidos. Por ser las que permanecieron siempre a mi lado cuando más las necesité.

Entre esas amigas hubo una que siempre estuvo y ha estado presente en mis momentos. Una persona muy importante en mi vida. A ella la conocí por casualidad en una salida al cine con un grupo de amigos durante mi adolescencia y a partir de allí creamos una relación de hermandad inigualable, en la que luego coincidió que nuestros padres se conocían desde niños. Es de esas personas que no necesito tener cerca para saber que cuento con ella incluso si solo le pido que me escuche, sin decir una palabra. Sería sin duda una de las que más extrañaría estando tan lejos. Ella, que aun siendo el polo opuesto a mí en todos los sentidos ha sido la persona que me ha conocido y me ha acompañado en todas mis etapas de manera incondicional. Alguien a quien yo regañaba constantemente por cometer errores en su vida y en sus relaciones de los que yo me daba cuenta y quería evitar que sufriera lo mismo que yo estaba viviendo. Sin embargo, la que me hizo entender que *no está en mis manos el poder cambiar a nadie* y que aun con todo lo que yo llegué a juzgarla por verme reflejada muchas veces en su espejo y no aceptarlo, ella siempre me ha respetado y admirado, usándome como ejemplo de perseverancia en muchos sentidos.

Así pasé unos días tratando de asimilar que ya no estaría más entre la gente que quería y mucho menos en el lugar que mi corazón había reconocido desde siempre como mi hogar. Saber que de un momento a otro despertaría viviendo en otro país aumentaba cada vez más mis expectativas. Llené una maleta eligiendo no solo lo que llevaba, sino lo que dejaba. *Siempre cuesta más decidir qué soltar que decidir qué mantener, aun cuando eso ya no sea necesario en nuestras vidas.* Antes de partir, me realicé mi segundo tatuaje de cuatro gaviotas que representan a mis tres hermanos y a mí, con la ilusión de volver a estar juntos algún día. A pesar de que no crecimos tan unidos y en el mejor ambiente familiar como debimos, cada uno representa el mejor regalo que mis padres pudieron darme. Quería que simbólicamente viajaran conmigo a cualquier lugar.

A pesar de que mi sueño más grande siempre ha sido recorrer el mundo entero, hasta ese momento solo había tenido la oportunidad de visitar 2 países: Puerto Rico, el cual recorrí en un día, y Estados Unidos, a donde había ido de vacaciones ese mismo año. No había considerado antes de la invitación de mi amiga radicarme en algún lugar diferente a Venezuela, mi país natal.

Entonces, llegó el momento. Una mezcla de sentimientos inundaba todo mi ser. Me fui sabiendo solo el nombre de mi destino: Dublín, el cual había elegido mi acompañante. Tomaría casi un día llegar allá. Era intrigante saber qué me esperaba a partir de ese instante. Tantas horas en el avión me hicieron aceptar que ya nada volvería a ser igual. Y sin duda, tenía razón.

DESCUBRIENDO EL PODER DE TU INTUICIÓN

1. ¿La decisión de estudiar o no una carrera profesional fue personal o fue impuesta por tus padres? ¿Qué sentiste al hacerlo?

2. ¿A qué edad empezaste a trabajar y tener responsabilidades contigo mismo y cómo ese hecho cambió tu estilo de vida?

3. ¿Cómo es tu rutina diaria y cómo influye directamente en tu desarrollo personal?

4. ¿Consideras que las personas y el ambiente en donde te desenvuelves genera impacto positivo en ti para llegar a donde aspiras?

5. Si la respuesta es no, ¿qué harías para mejorarlo?

6. ¿Te has sentido rechazado alguna vez? Si es así, ¿cómo has lidiado con ese sentimiento?

7. ¿Qué crees que te hace falta para ser plenamente feliz?

CAPÍTULO 3
FANTASÍA O REALIDAD

Sin importar el lugar a donde vayas,
lo único verdadero es lo que llevas dentro de ti.

¿Has sentido alguna vez que has tomado decisiones en la vida que reinician tu historia?* Pasamos de dejar un capítulo que nos marcó de alguna manera a retomar las riendas de lo que será nuestro destino. A medida que vamos superando obstáculos entendemos que *nada de lo que ocurre llega vacío de aprendizaje.* Nos vamos descubriendo por dentro de una forma en la que no nos habíamos visto jamás. Y nos atrevemos a empezar de nuevo. Con coraje. Con determinación. Sin embargo, *todo lo que hacemos tiene consecuencias. Entendiendo que cada respuesta proviene de un estímulo interno creado por la urgencia de suplir una necesidad.*

Para ese momento de mi vida, alrededor de mis 27 años, había decidido emigrar de mi país por primera vez. Sabía que me enfrentaría a una serie de eventos y situaciones desconocidas para mí. Era necesario prepararme mental y emocionalmente para asumir un reto de esa magnitud. Estaba dejando atrás a mi familia y todo lo que consideraba hogar, a esa parte de mí que me hizo crecer y madurar de manera radical. Las experiencias de mi infancia por la separación de mis padres, las de mi adolescencia por la inestabilidad emocional y ese momento de mi vida en el que estuve tan cerca de convertirme en madre, pasaron a ocupar un espacio dentro de mí mucho más grande que los recuerdos felices que pudieron hacerme cambiar de opinión para que me quedara. Esa fue mi razón de peso para irme. ¿Sabes cuál ha sido la tuya?

Y es que cuando hablo de marcharse no me refiero solamente a irse de un lugar o mudarse de un país a otro, sino también a *cambiar de mentalidad*. Muchas veces podemos permanecer en el mismo sitio por años, pero las lecciones de vida nos han cambiado completamente. *Con frecuencia seguimos estando, pero ya no somos los mismos.*

UN CAMBIO RADICAL

Para mí, Irlanda fue una eterna nube gris en cuanto a clima se refiere. Salir a la calle cada día incluía un paraguas, la competencia entre el aire frío al que no estaba acostumbrada y el tener que aceptar que nunca más vería el sol radiante de mi paraíso tropical. Vestía de pies a cabeza, combinando los abrigos y bufandas que había tenido que comprar antes de viajar, ya que en mi país nunca los necesité. Los primeros días fueron de turismo al querer conocer en una semana todo lo que había en Dublín, mi nueva ciudad, como quien no ha asimilado el hecho de que estaría mucho tiempo en ese lugar.

La experiencia de la primera semana se debatía entre la nostalgia por extrañar mi casa y la incertidumbre de lo que viviría a partir de ese instante. No podría mencionar un sentimiento que describa lo que pasaba por mi mente en aquel momento. Solo me dedicaba a observar detenidamente todo lo que se encontraba a mi alrededor, como un niño experimenta en sus primeros años de vida todo aquello que va descubriendo a su paso.

El lugar que nos recibió al llegar fue una residencia estudiantil que habíamos reservado unos meses atrás. Mi amiga, sus dos hermanos y yo dormíamos en una habitación con una sola cama doble. Era algo que limitaba la privacidad a la que había estado acostumbrada toda mi vida. Manteníamos la ropa en las maletas por falta de espacio. Bañarse era una carrera contra el reloj. El agua salía como cubos de hielo y la electricidad era muy costosa para encender la calefacción por mucho rato. Comíamos pan con queso, cereal o espaguetis cada día porque no había lugar para colocar una compra. Mi mente estaba un poco confundida mientras lidiaba con el proceso de adaptación en el que todo lo que estaba viviendo era completamente nuevo y aún rechazaba de alguna manera. Lo que veía no se parecía en nada a lo que había imaginado. Le decía a mi familia que todo estaba bien y que era un lugar increíble, pero la verdad era que no me sentía a gusto con mi nueva realidad. Pensaba que, si eso significaba *emigrar*, quería regresar a mi país.

Al cabo de una semana, mi amiga y yo decidimos mudarnos a una casa compartida con otros estudiantes, mientras que cada uno de sus hermanos eligió un rumbo diferente. Teníamos curiosidad por experimentar nuestra nueva vida. Todos con una historia y un sueño. Yo simplemente deseaba comenzar de cero en un lugar donde no supieran nada de mí, en el que nadie pudiese juzgarme ni señalarme.

En nuestra nueva residencia, mi amiga y yo compartíamos con tres personas de la misma nacionalidad que nosotras: dos chicos y una chica venezolanos. Contemporáneos en edad y con las mismas ganas de salir adelante en ese nuevo camino lejos de nuestras familias. Estudiábamos inglés en instituciones diferentes dependiendo de la aprobación de la solicitud de la visa estudiantil que nos dio acceso al país a cada uno. A pesar de ser una ciudad pequeña, el lugar donde vivíamos quedaba distante del centro. Yo caminaba una hora de ida y otra de regreso cada día entre la casa y la academia para no gastar dinero en transporte. Solo contaba con los pocos ahorros que había podido llevar. En vista del tiempo limitado que tuve de preparación antes de viajar, no había podido planificar mucho en ese sentido. En la casa comprábamos comida entre todos y cocinábamos para compartir. Era la manera más inteligente de evitar gastar dinero comiendo en restaurantes cada día y que, además de cuidar nuestro cuerpo, también lo hacía con nuestro bolsillo. Al final, la convivencia nos llevó a sentirnos en familia. Fue agradable coincidir con buenas personas.

Encontrar empleo era limitado por el idioma y por el estatus estudiantil, que no permitía que ejerciéramos ninguna actividad con fines de lucro. Empezaba a preocuparme, ya solo me quedaba dinero para cubrir los gastos del mes. Tenía que tomar una decisión para sobrevivir.

Con mi inglés de principiante y de una manera muy informal, me atreví a hablar con el dueño del lugar donde estudiaba para pedirle ayuda. No había nada que yo pudiese hacer en la parte administrativa, ya que los empleados del lugar eran maestros y una secretaria que llevaba tiempo trabajando con él. Así que me ofreció limpiar la academia y ocuparme de la casa de alojamiento de los estudiantes que llegaban de otros países con los programas de aprendizaje que ofrecían en el lugar. Sin otra opción y con un poco de desesperación por verme en apuros económicos, acepté dejando el ego a un lado y mi título universitario en un sobre que nunca más abrí. La profesión que me había tomado cinco años de mi vida obtener hizo una pausa por primera vez. Tuve que asimilar que cada temporada tiene un oficio y un aprendizaje. Ya había tenido una gran lección en mis empleos anteriores, ahora me tocaba aprender de este. Al final nadie lleva un cartel en la frente que diga "yo soy profesional" y, de tenerlo, no cambia en nada *quienes somos* como personas.

A veces nos toca hacer cosas que jamás imaginamos y eso está bien. No hay que lamentarse. Nos hace más capaces, nos hace resilientes, forja nuestro carácter. Nos hace más *humanos*. Yo decidí hacerlo lo mejor posible, como todo a lo que estaba acostumbrada. Entendí que hay valores que, sin importar en qué situación estemos, nunca debemos dejar a un lado. La puntualidad, la responsabilidad y la eficiencia me acompañaron de nuevo. Ganaba dinero suficiente solo para tener qué comer y dónde dormir. Hasta que mi jefe decidió ayudarme también incluyendo mis almuerzos, sabiendo que lo que él me pagaba no alcanzaba para mucho. Eso me permitió guardar un poco de dinero, evitando gastarlo en cosas innecesarias.

La experiencia migratoria es diferente para todos. Lo que sí es seguro es que representa un gran reto a nivel emocional sin importar la situación en la que te encuentres. *Los cambios van acompañados de fuertes sacudidas en las que te das cuenta de que no es el fin del mundo, sino el inicio de uno nuevo.* La decisión de dejar el país en el que naciste y creciste implica desprenderte de todo lo que conoces, de todo lo que te es familiar y haces de manera natural. Salir a experimentar en un nuevo lugar, sin tener idea de lo que te espera, es como lanzarse al vacío con los ojos cerrados. Es fe. Es valentía. Es fortaleza. Es un logro personal que cada ser humano que haya emigrado debería aplaudirse y considerar parte del éxito en su vida. Sobre todo por el hecho de tener el valor de romper con todas las limitaciones mentales y sociales. Por tomar decisiones determinantes para cambiar el sentido de su destino.

Para mí, Dublín fue el punto medio para aislarme emocionalmente. Había dejado atrás la vida de fiestas y salidas que me estaban convirtiendo en una persona *superficial*. Ahora vivía de nuevo encerrada dentro de mí. Había vuelto a reencontrarme con mi soledad y con mis conversaciones internas en las que cualquier persona que estuviese a mi alrededor estaba de más.

Llevaba ya algunos meses de vivir en aquella ciudad. El frío y yo aún no éramos buenos amigos. Tomaba té o café caliente más de cinco veces al día sentada en un sofá frente a la chimenea de la casa donde vivía, mientras que mis compañeros y mi amiga salían a divertirse o hacían reuniones para compartir. Yo prefería quedarme conmigo. El proceso de adaptación se hacía un poco más llevadero porque había logrado establecerme. Leía y escribía constantemente para seguir descubriendo lo que mi corazón intentaba decirme. Mi amiga y yo teníamos una rutina muy diferente, por lo cual coincidíamos poco. Estaba disfrutando de nuevo del silencio en el que me mantuve durante la mayor parte de mi vida.

Y así pasaban los días. Un par de semanas antes de mi cumpleaños compartía una noche de vinos con mi amiga y la otra chica que vivía en la casa. Mientras hablábamos y reíamos disfrutando del momento, me preguntaron qué quería hacer para ese día especial. Les comenté acerca de un viaje que deseaba regalarme y, sin dudarlo, me apoyaron. Emocionadas, comenzamos a buscar boletos enseguida. El destino estaba claro desde el principio, por lo que planificamos todo lo demás referente a estadía e itinerario en un par de minutos. Ellas también compartían esa sangre aventurera y de curiosidad por conocer el mundo. Al estar en Europa las posibilidades de visitar otras ciudades son muy accesibles y se adaptan hasta el más bajo de los presupuestos, por lo que no necesitábamos mucho dinero para salir a dar un paseo y respirar otro aire. Estaba tan ansiosa por que llegara el día que a partir de esa noche fue difícil dormir bien debido a la expectativa de saber que cumplirá uno de mis más grandes sueños: ¡Iría a Paris! En ese momento descubrí que es necesario siempre tener al menos a una persona que esté de acuerdo contigo y que te motive a lograr lo que quieres. Esa complicidad de saber que alguien apoya tus ideales.

Pasaron los días y llegó el momento tan esperado por todas. La alegría de viajar juntas nos hacía sentir como niñas. Recorrimos algunos lugares icónicos de la ciudad francesa, tales como: el Arco del Triunfo, los Campos Elíseos, el Puente de las Artes, mejor conocido como el puente de los candados, y el Museo Del Louvre, antes de llegar a aquel monumento imponente que tanto había imaginado. Estar parada frente a la torre Eiffel fue la demostración más grande de que *los sueños se hacen realidad*. Fue una experiencia mágica e inolvidable. *Era como si Dios me hablara diciéndome que no debo preocuparme por saber cómo se darán las cosas, lo único que debo hacer es desearlas de corazón.* Lo más increíble de todo es que no fue necesario dormir en un hotel de lujo ni comer en los mejores restaurantes. Razones por las que muchas veces evitamos viajar. El hecho de haber llegado a París me hizo comprender que *no hay límites cuando estamos seguros de lo que queremos.* Esa foto en la pantalla de mi computadora del laboratorio años atrás había demostrado una vez más que *atraemos lo que pensamos.* Sin duda, ellas, mi amiga y la otra chica, fueron las mejores cómplices de esa locura que duró cuatro días entre una cama de hostal y hamburguesas de 1€ para comer todo el día. El mejor regalo de cumpleaños no fue el viaje, fue el *significado.*

Al regresar, mi perspectiva había cambiado por completo. Me di cuenta de que tenía la oportunidad de ver el lado positivo en cada cosa. Que no era necesario experimentar de nuevo un encierro autoimpuesto cuando podía permitirme disfrutar de lo que me rodeaba. *Había llegado tan lejos, no para permanecer de la misma manera en la que había vivido en mi país.* Me di cuenta de que estaba desperdiciando mi tiempo presente en lamentarme por cosas que habían quedado en el pasado. Fue a partir de ahí que quise compartir un poco más con las personas cercanas y conocer otros lugares. Y así lo hice.

ESCAPAR O MORIR

En medio de todo lo que había decidido mejorar en mí después del viaje a Francia, sentía que el tiempo transcurría muy lento en Dublín, lugar al que, desde el primer momento que llegué, sentí que no pertenecí. Parecía que vivía el mismo día, cada día. Me adapté un poco al clima y, sin remedio, aprendí a disfrutar de caminar bajo la lluvia. *Entendí que no se trataba del país en el que estaba, sino del sentimiento con el que había decidido afrontarlo.* Acepté las cosas que no podía cambiar y mejoraba en mí las que sí podía. Elegí pensar que había un motivo por el cual Dios me había permitido llegar a aquel lugar estando tan lejos de mi familia. Buscaba lo bonito de cada momento, de cada espacio, de cada persona. Solía visitar los parques que abundan en la ciudad, con sus jardines verde brillante llenos de flores de colores, donde destacan los tulipanes y árboles de cerezo en tonos rosa claro. Disfrutaba de las melodías callejeras en las que se me hacía imposible no detenerme a escuchar a los artistas urbanos en la esquina de cualquier plaza. Ellos realmente paralizaban el tiempo, incluso cuando tenía prisa. Sin embargo, seguía existiendo un vacío que mis amistades no podían llenar. Deseaba tener una pareja para compartir todos esos momentos. Me hacía falta esa compañía bonita que alegrara un poco mis días. Anhelaba coincidir sentimentalmente con alguien que le cambiara el sentido a vivir en ese lugar.

Cierto día, al llegar a la academia donde estudiaba inglés por la mañana y trabajaba haciendo limpieza por la tarde, apareció frente a mí una persona que marcaría un antes y un después en mi vida. Mi jefe lo presentó como su mano derecha y nuevo subdirector de la institución. Alguien con quien, al parecer, él había trabajado algunos años atrás y ahora estaba de vuelta. Era un hombre alto, aparentaba ser unos 10 años mayor que yo. Educado y muy atento. Vestía de traje y su perfume impregnaba el lugar por donde pasara. Tenía una mezcla de acentos al hablar que ponían en duda su nacionalidad.

Esta persona necesitaba una asistente, por lo que me propuso trabajar a su lado en la oficina. Yo acepté sin dejar mis otras labores, sería buena opción tener dos ingresos. Nuestra relación laboral se vio afectada desde el principio, ya que debía acostumbrarme ahora a trabajar para él. Su carácter era susceptible y se enojaba por cualquier cosa que él considerara que estaba mal, aunque no fuese cierto. Defendía siempre sus razones. Su autoridad se impuso sobre mí tanto en lo laboral como en lo personal. Medía todo lo que hacía y cómo lo hacía. Corregía mis errores y muchas veces me hacía sentir inferior, como algunos jefes acostumbran a hacer con sus empleados.

Sin embargo, otra parte de él era completamente diferente. Algo así como conocer a dos personas en una. Cuando no hablábamos de temas laborales, intentaba cortejarme de una manera sutil. Me sorprendía con flores y con invitaciones a comer. Yo esquivaba sus atenciones. Había algo en él que no me generaba confianza. No entendía cuál era su intención verdadera. Buscaba siempre la manera de ayudarme con lo que yo necesitara en la oficina o fuera de ella, a cambio de recibir por lo menos una sonrisa de mi parte, ya que siempre lo trataba con rechazo y desconfianza.

Pasaban los días y me sorprendía su perseverancia en conquistarme. Ya que las invitaciones a solas que me hacía no habían sido aceptadas hasta el momento, me propuso salir en grupo con mis amigas a bailar, para conocernos mejor. Fue una noche muy agradable en la que tuvimos la oportunidad de hablar de nosotros y compartir. Después de ese momento y durante el día a día en el trabajo, me descubrí considerando la posibilidad de aceptar tener una relación con él.

Me sentía confundida. No estaba segura de querer estar con esa persona a nivel sentimental. No sentía atracción. Ni siquiera aprecio. Solo buscaba una compañía. Esa que él me estaba ofreciendo desde que nos conocimos. Alguien que estuviese para mí cuando yo lo necesitara. Que me apoyara económicamente para sentirme segura de que nada faltara en medio de esa incertidumbre que vivía a diario en ese país al que había llegado sin un plan de vida establecido. Solo estudiar, lo cual no me daría un futuro estable inmediatamente.

«¿Qué era lo peor que podía pasar si lo intentaba?», me pregunté con la suspicacia de quien solo espera lograr obtener un beneficio. Analizaba cada detalle de su comportamiento conmigo. Notaba que su trato hacia mí era muy diferente al que tenía con los demás cuando no se trataba de asuntos de trabajo. Era sublime. Cuidadoso en lo que decía y lo que hacía para agradarme a como diera lugar. Pero en medio de todo, sentía que era manipulador, por usar el dinero para llamar mi atención. Por momentos me encontraba entre la espada y la pared para decidir si estar con él definitivamente o no. Pero, finalmente, tuve que aceptar que, en ese caso, más que amor necesitaba ese respaldo que él me estaba ofreciendo a cambio de estar con él. No me daba cuenta de que una vez más negaba mi *valor* como lo había hecho años atrás. Esta vez decidía conscientemente repetir el patrón de permitirme tener una relación llena de carencias emocionales a pesar de que ya había aprendido la lección en el pasado.

Ahora, después de muchos años en retrospectiva y viendo la experiencia de algunas mujeres conocidas que también se han rebajado a estar con un hombre por dinero o "estabilidad", puedo asegurar que no hay nada que pueda comprar el valor de una dama que se respeta a sí misma. Muchas veces nos sentimos vulnerables ante situaciones que se escapan de nuestras manos por miedo a tomar una decisión. *En ocasiones, ese temor ni siquiera está relacionado con el sentimiento hacia esa persona, sino a lo que pasará después de la separación.* Nos sentimos desprotegidas ante la idea de que somos débiles y dependientes. Sin embargo, es necesario que un acto de fe y de conciencia absoluta cambie nuestro panorama por completo para mejor. No es justo permitirnos que otros dominen nuestros pensamientos haciéndonos creer que no podemos hacerlo solas y con nuestras fuerzas. Pero, a decir verdad, todo comienza por nosotras mismas.

Iniciamos una relación en la que nos veíamos en la oficina y la mayoría de las veces me quedaba en su casa al salir. Después de tanta insistencia, finalmente acepté mudarme con él. No por obligación o por complacerlo, sino por creer que de alguna manera eso sería bueno para mí. Vivíamos en un departamento de lujo en una de las mejores zonas de Dublín, muy cerca de la oficina. No me faltaba nada en cuanto a lo material se refiere, algo que ya había experimentado de la misma manera durante mi niñez. Era la primera vez, desde que llegué a la ciudad, que sentía que todo estaba bien. Tenía un lugar bonito para vivir, comía en restaurantes sin pensar en cuanto gastaría, compraba ropa, salía a conocer la ciudad acompañada, como había querido alguna vez. Tenía a esa persona que había pedido, aunque estar con él significaba para mí el interés de tener todas mis necesidades cubiertas. Convivir las 24 horas del día era un nuevo reto. De alguna manera aprendíamos a estar juntos compartiendo algunas responsabilidades entre la casa y el trabajo.

En la academia existía la costumbre de salir cada viernes a una discoteca con los estudiantes que llegaban de otros países con los programas para aprender inglés. Era una celebración para festejar el fin del curso. Era algo que yo no disfrutaba hacer, pero me veía obligada a asistir por las responsabilidades que formaban parte de mi trabajo. Por ser la pareja del subdirector debía mantener la apariencia de estar siempre feliz para no desentonar. Pero había muchas cosas que me disgustaban. No conocía a nadie. Cada uno tenía costumbres muy diferentes y era complicado encontrar un punto medio para congeniar. Yo seguía con mi *conducta arraigada* de rechazo a las multitudes. Me aburrían los lugares nocturnos en los que la gente solo va a beber alcohol y bailar para olvidarse por un momento de su realidad. Lo sé porque ya había pasado por eso años atrás cuando era yo quien lo hacía para tapar de alguna manera mis vacíos emocionales. Ahora estaba viendo a mi nueva pareja hacerlo también. Veía que cada semana en esas reuniones se emborrachaba hasta perder el conocimiento. Me intrigaba de alguna manera saber qué era eso de lo que quería escapar mentalmente. No sé qué escondía. Realmente yo no sabía nada de él. Era solo un desconocido con el que había decidido compartir mi vida en aquel momento. Y al final de todo era yo quien lo llevaba de vuelta a casa. Siempre con la misma sensación de ahogo de la que no sabía cómo escapar.

Ahora me es necesario hacer una pausa. Recordar aquellos momentos me hacen vivir de nuevo la frustración que sentía. Era indignante tener que soportar tanta humillación cuando yo tenía en mis manos el poder de elegir irme de su lado. A decir verdad, siempre lo tuve, pero el temor a volver atrás, de estar sola de nuevo y aceptar que una vez más me había equivocado, me lo impedían. Era como si voluntariamente me condenara a vivir una vida desgraciada al lado de aquel hombre que me estaba dañando mental y moralmente porque así yo lo permitía. Es lamentable ver cómo en ocasiones algunas mujeres toleramos este tipo de situaciones en las que preferimos sacrificar nuestra dignidad por la apariencia frente a los demás. No entendemos que vale mucho más nuestra paz y tranquilidad en lugar de darle importancia al qué dirán por quedarnos solas. *Definitivamente, si una relación de pareja no está fundada sobre el amor, la comunicación y el respeto, es mejor aceptar que no existe.*

Volviendo a aquel tiempo, un día al terminar nuestra jornada laboral, mi pareja me comentó que el jefe le había propuesto asociarse para comprar otra academia. Con intriga, me pregunté mentalmente: «¿De dónde sacará tanto dinero?» Estar todo el día con él me demostraba que no tenía otro empleo ni generaba ingresos de otra manera que no fuese la que yo conocía. Mi curiosidad fue mayor cuando me dijo que la nueva escuela sería en España y que al día siguiente debía tomar un vuelo hacia allá. ¡Me sorprendí! Por lo visto ya tenía todo planificado y yo no estaba enterada. Sentí enseguida que algo no andaba bien.

Después de arreglar maletas, me dijo que nos veríamos en Madrid para que lo ayudara con todo lo relacionado a su nueva adquisición. Por un momento no supe qué decir. Estaba confundida. ¿Cómo era que compraría una academia? ¿Por qué esperó hasta el último momento para decirme? Inmediatamente, me di cuenta de que debía tomar una decisión.

Tenía dos opciones en las que, según la situación, ambos panoramas eran desfavorables: quedarme en Dublín significaba perder mi empleo, ya que mi pareja seguía siendo mi jefe para ese entonces y el dueño de la academia estaba de acuerdo en que me fuera con él para trabajar con los estudiantes de habla hispana. Si eso pasaba, ya no tendría dinero para pagar un lugar donde vivir. Volver con mi amiga no era una opción, por considerarlo un fracaso. Además, ella también había hecho su vida. No era justo que yo regresara de esa manera, aunque de seguro si le hubiese explicado la situación me habría aceptado por unos días mientras conseguía otro empleo. Por otra parte, yo no tenía ahorros para extender mi visa estudiantil, que era lo necesario para permanecer legalmente dentro del país. Así que me tocaba considerar otra alternativa.

Irme con él quizás no sería tan malo. Seguiríamos estando juntos sin saber lo que me esperaba. Tendría casa, comida y trabajo seguro. Además de la oportunidad de convertirme, en algún momento, en su esposa y obtener la nacionalidad americana, la cual le pertenecía desde su nacimiento. Era evidente que no me iría con él por amor. Sería otra aventura de esas a las que ya estaba acostumbrada y que pensé que había superado. Pero una vez más se repetía el patrón social de querer encajar. Si has permanecido en una relación enfermiza por interés de cualquier tipo, por dinero o por obtener beneficios legales de tu pareja, sabes muy bien a lo que me refiero.

Le conté a mi padre la situación, exagerando en los beneficios de irme a España. Sin embargo, poco mencioné sobre las ventajas de quedarme en Irlanda. Sabía que, si yo se lo pedía, él me ayudaría de cualquier manera a solucionar los problemas económicos a fin de permanecer legalmente en el país al que había decidido irme inicialmente. Seguía teniendo buena comunicación con mi papá, y sus palabras, aunque muchas veces no fuesen lo que deseaba escuchar, me ponían los pies en la tierra. Fue muy objetivo. El sentimiento de padre le decía que algo no andaba bien y me lo expresó con preocupación. Yo, ignorando sus consejos con la misma rebeldía que me caracterizó desde niña, no le hice caso y decidí irme.

Esta vez viajé con la mitad del equipaje con el que había llegado a Dublín. No disponía de mucho tiempo para elegir entre todo lo que tenía, así que empaqué lo más necesario. Mi pareja ya tenía un día de haberse ido mientras que yo seguía preguntándome qué era lo peor que podía pasar si lo intentaba. De la misma manera en la que lo había hecho al comenzar mi relación con él, como una especie de «mantra» que repetía para tapar el temor a lo desconocido. De todas formas, cualquier lugar era incierto en la situación en la que estaba. Así que, esta vez con un poco más de dudas que cuando salí de mi país, solté nuevamente todo aquello que ya no necesitaba. Y viajé liviano.

Madrid me recibió con un clima más agradable para mi gusto. El sol brillante me recordó lo bien que me veo con lentes de sol. La combinación de su arquitectura y sus jardines me enamoró a primera vista. Mi pretendiente me esperaba como había prometido, por lo que en ese momento sentí que había tomado una buena decisión. Me propuse entonces disfrutar de cada momento que viviera en mi nuevo hogar, un departamento en el tercer piso de un edificio en el centro de la ciudad, el cual tenía una vista perfecta desde el balcón que daba hacia una avenida muy transitada y llena de árboles.

Ya había dejado atrás la costumbre de usar el carro para movilizarme desde que salí de mi país. En Dublín había implementado el hábito de caminar para ir a cualquier lugar. Por lo que, en Madrid, sus calles de ladrillos se convirtieron en mi nuevo camino a seguir.

Mi actitud había cambiado. Comenzaba un nuevo capítulo en mi vida en el que mi relación de pareja tomaba un rumbo más formal.

Un par de semanas después de haber llegado, todo marchaba mejor de lo que hubiese podido imaginar. En medio de las conversaciones con mi pareja, me descubrí haciendo planes de formar una familia con el hombre con el que había elegido vivir por necesidad, no por sentimiento. Era curioso escucharlo hablar de casarnos y de tener hijos sin que eso despertara en mí algún tipo de emoción. Por dentro algo me decía que debía callar para evitar crear un enfrentamiento. Era lo menos conveniente en mi situación.

En medio de la rutina cotidiana del trabajo, un día me invitó a uno de los parques más grandes de la ciudad. Habíamos comprado comida para llevar y decidimos comer en medio del jardín. Al terminar caminamos por un rato para disfrutar del paisaje. Mi sorpresa fue grande cuando, en un momento de distracción, volteé hacia donde él estaba y lo vi arrodillado detrás de mí, con una caja pequeña en su mano. Sacó inmediatamente un anillo de compromiso con un hermoso diamante que brillaba en medio de la sombra, producida por los enormes árboles que nos rodeaban. Lo colocó en mi dedo mientras yo permanecía sin decir una palabra. Lo que estaba sintiendo en ese momento no se parecía en nada a lo que había imaginado cuando soñaba con comprometerme. Por lo que inmediatamente dude de que él fuera el hombre con el que deseaba pasar el resto de mi vida.

Todo estaba sucediendo tan rápido que no había tenido tiempo de asimilarlo. Debía aceptar que, sin planificarlo inicialmente de esa manera, ya no estaba en mi país natal ni en el lugar en el que elegí establecerme por primera vez. Lo cual me demostraba que *el futuro es incierto* en cualquier situación. Además, estaba repitiendo un patrón en mi relación de pareja que, aunque estaba segura de que debía romper, seguía permitiendo y me quejaba internamente sin buscar una solución real. ¿Acaso soy yo la única que ha sentido eso alguna vez?

Vivía con un hombre que, aun siendo mi pareja, conocía poco. Me había vuelto completamente dependiente de él en todos los sentidos. Las responsabilidades en el trabajo aumentaban cada día por ser ahora la mano derecha en la apertura de la nueva escuela. A los pocos días de estar allí, sentía que ya no vivía para mí. La presión laboral nos estaba consumiendo a los dos.

Pasamos de disfrutar nuestros días viajando y conociendo las ciudades más cercanas a dedicarnos exclusivamente al trabajo. De repente, el tema de conversación de todo el día giraba en torno a la academia, incluso al llegar a casa. La convivencia se hacía cada vez más complicada. Su carácter se hacía más irritable Su posición de autoridad cambió por completo nuestra relación. Empezó a tratarme como a una empleada doméstica. Debía atenderlo en casa y obedecerle fuera de ella. El mal humor era su compañero fiel y para «relajarse» compraba una botella de licor cada día. De un momento a otro mi vida se convirtió en una película de terror a pesar de que ingenuamente seguía creyendo que todo cambiaría.

Cuando se tiene la fortuna de trabajar en equipo con tu pareja, es necesario aprender a establecer las diferencias entre la vida personal y la parte laboral. Se debe evitar mezclar asuntos de cualquiera de los dos extremos que puedan perjudicar una relación o la otra. Es importante incluso establecer una buena comunicación separando los intereses personales en ambos casos. Para de esta manera poder acordar decisiones que los favorezcan a los dos en todos los sentidos. Ninguno debe pasar por encima de las necesidades ni opiniones del otro.

Una noche, al llegar del trabajo, preparé la cena como de costumbre. Él estaba recostado en el sofá bebiendo alcohol para descansar del ajetreo del día. Al acercarme a su lado con la comida, volteó sobre mí el plato que le llevaba. Lo desconocí por completo cuando empezó a amenazarme diciéndome que maldecía el día en que había elegido estar conmigo. No sabía lo que sucedía. Su cara parecía transformarse y la expresión de odio salía a través de una mirada penetrante y aterradora. No entendía su actitud. Un momento atrás todo está bien. Nada diferente había ocurrido ese día.

Mientras me gritaba diciendo todo lo que venía a su mente en ese instante, yo intentaba pensar qué podía hacer para escapar. Activé la grabadora de mi celular para que todo lo que él dijera quedara como prueba si algo más grave pasaba. No conocía a nadie más en ese lugar a quien pudiese pedir ayuda. Intenté levantarme del sofá para irme a la habitación, pero fue imposible. Tomándome fuertemente por un brazo me arrastró hacia el balcón del departamento en el tercer piso en el que vivíamos y me puso al borde de la muerte. Arrancó el anillo de compromiso de mi dedo bruscamente dejando una marca llena de sangre. Mi desesperación en aquel momento fue inexplicable. Con un poco de fuerza y como pude lo aparte de encima de mí y corrí hacia la habitación. Me sentía débil. *Los golpes psicológicos de todo lo que me decía eran más fuertes incluso que el maltrato físico.* Me preguntaba cómo aun sabiendo que él no era la persona correcta para mí me había permitido llegar hasta ahí. No debía sorprenderme tal actitud, considerando que estaba en medio de los efectos del alcohol. Inevitablemente, me sentí indefensa, sabía que cualquier cosa que ocurriera esa noche quedaría como un misterio.

Él se fue a la cocina y tomó un cuchillo, mientras yo logré encerrarme en la habitación. Tenía miedo. Él había revisado todas las conversaciones en mi celular y había conseguido información personal y de mis amistades. Mensajes en los que quizás, sin darme cuenta, yo había revelado mi interés y mi intención de estar con él. Sentía que incluso mi familia corría peligro si yo declaraba a la policía algo de lo que estaba pasando ese momento. Así que, en medio de la ansiedad por no saber qué sucedería, no me quedó otra opción que abrir la puerta antes de que la echara abajo con fuerza.

Era más de media noche y yo no tenía a dónde ir. En ese punto no sabía qué era lo peor, si salir a la calle desesperada y sin rumbo o esperar hasta el amanecer, aunque eso implicaba seguir corriendo peligro. De cualquier manera, en ambos casos me exponía a que algo me pasara. Uno de esos momentos en los que te encuentras en un callejón sin salida. A pesar de la situación que estaba viviendo elegí quedarme en el departamento pidiéndole a Dios salir con vida. Finalmente, él entró a la habitación y me obligó a acostarme a su lado para dormir como si nada hubiese pasado.

Parecían interminables los minutos, hasta que se hizo de día. Desperté de las pocas horas en las que había logrado conciliar el sueño. Él despertó también sin decir una palabra, mientras se alistaba para ir a una reunión de la academia que tenía programada desde un par de días atrás. En medio de una conversación interrumpida le dije que no iría con él, poniendo como excusa tener un fuerte dolor de cabeza y sentirme mareada, a lo cual reaccionó molesto, sabiendo que él no podía faltar y que tendría que irse sin mí. Acto seguido, se marchó. Lo que él no sabía era que sería la última vez que me vería.

Estaba desorientada y todavía consternada por todo lo que había sucedido la noche anterior. No tenía idea de a dónde ir. No sabía a quién llamar. Sin embargo, en ese momento, aprovechando su ausencia y armándome de valor, tomé una decisión por mi bien. Recogí lo más rápido posible todas mis pertenencias y las metí en la maleta. Inevitablemente me debatía en el sentimiento de culpa y el de víctima pensando en qué haría al salir de ese lugar. Tenía la opción de denunciarlo a las autoridades, sin embargo, me paralizó el miedo de lo que pasaría después. En ese momento, no me daba cuenta de que era urgente reportar los hechos a la policía. Al no hacerlo, estaría contribuyendo de alguna manera a que él pudiera repetir lo que hizo conmigo con alguien más.

Cuando no se es parte de la solución, se es parte del problema. En muchos casos de violencia doméstica las personas afectadas nos sentimos aterradas al hablar acerca de lo que está sucediendo, por pensar que podría pasar algo peor. Sin embargo, es nuestra responsabilidad evitar que esa conducta continúe expandiéndose, incluso y más aún, en los casos en donde existen niños que observan esos actos de maltrato, considerando que muchas de sus conductas a futuro podrían ser consecuencia de traumas relacionados a esas situaciones, las cuales permanecen impunes dentro de muchos hogares.

Una vez fuera del departamento decidí irme a un hotel para que no pudiese encontrarme. Fue el primer lugar que se me ocurrió para resguardarme. Enseguida me comuniqué con mi hermano menor para decirle que ya no estaba con mi pareja sin explicarle los motivos, siendo la primera persona que vino a mi mente en vista de la confianza y buena comunicación que siempre tuve con él desde que éramos pequeños. Le pedí que no dijera nada. No podía contar lo que había pasado. Mis padres se hubiesen preocupado estando tan lejos de mí y sin poder cambiar lo que ocurría. Luego hablé con otro de mis hermanos. Él me ofreció soluciones, como irme a casa de uno de sus conocidos o incluso moverme a otra ciudad y yo me mantuve encerrada en el problema sin aceptar ninguna de estas opciones. Sus ganas de querer ayudarme eran en ese momento algo sin importancia, permitiendo que la mezcla de pensamientos y sentimientos negativos se adueñaran de mí. En mi experiencia, descubrí que aún teniendo lo que podía ser una propuesta temporal para escapar de lo que estaba viviendo, yo preferí ignorar todo lo que pudiese ayudarme por evitar hacer eco de la situación, como sé que muchas mujeres y hombres también eligen callar.

Pensaba por momentos: «¿Qué hubiese sido de mi familia si me pasaba algo y ellos sin saber siquiera dónde estaba?» En ese instante, no me percataba de que había tomado decisiones sin pensar en las consecuencias, ni mucho menos en el sufrimiento que podía causar a otras personas. Había actuado de forma egoísta. Y ahora estaba siendo una hipócrita queriendo tapar mis fallas con un sentimiento de culpa. Intentando demostrar que todo estaba bien, aunque estuviese tan rota por dentro.

Me aislé del mundo, encerrada en aquella habitación de un hotel que pasaba desapercibido entre el ajetreo de una de las concurridas calles de la ciudad de Madrid. Allí me escondí huyendo por un par de días de aquel hombre que se había convertido en mi peor pesadilla después de todo. No tenía mucha agua para tomar ni comida, lo cual, mezclado con la debilidad emocional, me hacía sentir vulnerable. Mi teléfono celular había pasado a segundo plano. No quería saber de nadie ni que nadie supiera de mí. Los recuerdos de aquella noche se convirtieron en una grabación repetitiva en mi memoria. Lloraba de la desesperación al no saber qué debía hacer. No podría permanecer tanto tiempo hospedada en ese hotel, porque agotaría el poco dinero que tenía. No quería salir a la calle por miedo a encontrarme con ese hombre que se había convertido en un monstruo. Irme de ese lugar era la única opción. Así que en medio de la crisis emocional que vivía, oré a Dios con el fin de tomar una decisión para la cual yo no estaba preparada. De repente un momento de calma y lucidez me invadió en medio del silencio y tomando el teléfono llamé para comprar un boleto de avión. Finalmente, decidí regresar a mi país a pesar de que no fue fácil luchar con pensamientos que me recordaban que estaba derrotada. Al menos eso era lo que sentía después de haber intentado recomenzar mi vida lejos de todas las experiencias del pasado. Una vez más estaba siendo presa de mis malas elecciones. Ya no había vuelta atrás.

Durante la travesía de regreso a Venezuela, sentía que el tiempo pasaba más lento de lo normal. Parecía una eternidad la soledad en medio de aviones y de dos aeropuertos en los que tuve que hacer escala entre tantos sentimientos encontrados, mientras actuaba por inercia sintiendo que una fuerza más grande que yo me protegía. Era como si el mundo pasara por un lado mientras yo permanecía paralizada. Durante las horas de vuelo pensaba en mis padres al volver a casa. ¿Qué les diría? ¿Cómo enfrentaría el hecho de haber «fracasado»? ¿Qué haría de nuevo en ese lugar al que no esperé volver tan pronto? Solo habían pasado 9 meses desde que salí de mi país con destino a Irlanda y, al final, había terminado en Madrid y en medio de una guerra emocional. Las voces en mi cabeza gritaban tan alto que no podía escuchar alrededor. Cada lágrima se convertía en un puñal de recuerdos. El cuento de hadas no había tenido un final feliz como los que acostumbraban a proyectar las películas de princesas que vi durante mi niñez.

En medio del caos, acepté que después de todo no podemos culpar a nadie de las decisiones que tomamos. *Cada uno elige la vida que tiene.* Estaba segura de que pude haber evitado pasar por esa situación. Desde el primer momento sabía que estar con él no era lo que quería para mi futuro. Sin embargo, seguí. Simplemente me dejé llevar por la necesidad de tener a mi lado, una vez más, a alguien que me garantizara seguridad, estabilidad emocional y económica. Aferrándome a la decisión, aunque supiera que estaba mal, por miedo a no aceptar que me estaba equivocando de nuevo. Esta vez, el patrón repetitivo en cuanto a mis relaciones de pareja casi me cuesta la vida.

VOLVIENDO AL PRINCIPIO

Llegar nuevamente a Venezuela fue como haber tenido un mal sueño y despertar cayendo de la cama. Fue como retroceder el tiempo y volver al principio de todo. No asimilaba aún el hecho de estar parada frente a mi madre y a mi hermano, quienes me buscaron en el aeropuerto esperando asegurarse de que todo estuviera bien. Yo, tragando lo que sentía, disimulaba para no dar explicaciones de lo que había pasado. En ese momento, evité ver a mi padre. A pesar de todo, sabía que él sospechaba lo que había pasado y no podría mentirle.

Llegar a vivir con mi madre me obligó a aceptar que no tenía nada más que a mi familia. Suficiente, sin lugar a duda, pero que, siendo sincera, no era lo que me hacía feliz en ese momento después de haber renegado tantas veces de ellos. Mi indignación por regresar era tan grande que elegí quedarme encerrada en casa por una semana entera, mientras que mamá –conociendo mi personalidad introvertida– intentaba descubrir cómo ayudarme. Pero yo no quería hablar con nadie. No quería responder preguntas ni crear comentarios a mi alrededor. Me dediqué de manera obsesiva a ver programas de televisión acerca de investigaciones de asesinatos domésticos, como si eso fuese la mejor medicina para el momento. Tenía ataques de ansiedad. Sentía pánico de salir a la calle aun cuando sabía que ese hombre que me había dañado psicológicamente estaba a kilómetros de distancia. Sentía que me estaba volviendo loca. Tenía que parar.

Un día al despertar me levanté de la cama y hablándome al espejo con rabia y frustración por verme en ese estado tan deprimente, después de haber sido una mujer osada, tomé la *decisión* de salir del hueco en el que yo misma había elegido caer. Pensaba en que, si después de todo había llegado de nuevo hasta ahí, ya no existía excusa para quedarme estancada en el sufrimiento. Ya todo había pasado semanas atrás y no volvería. Entonces, sentí como una fuerza interior me empujó hacia adelante, sacándome del estado de inercia absoluta en el que me había permitido permanecer hasta ese momento.

En ese instante, descubrí que tenemos un poder dentro de nosotros para detener lo que nos hace daño de cualquier forma. Tenemos la capacidad de sobreponernos al dolor de una manera sorprendente. *Podemos incluso decidir entre ser protagonistas o espectadores de nuestra propia vida.* Sin embargo, la mayoría de las veces escogemos ser *víctimas* de compasión. Nos encerramos en la convicción de esperar a que los demás solucionen lo que nos molesta, como quizás incluso yo esperé que alguien llegara con una varita mágica a cambiar todo, sin hacer nada. Esquivamos la responsabilidad de hacernos cargo de nosotros mismos. Pero llega el momento en el que debemos *tomar acción.*

Una vez más me tocó levantar la cabeza y seguir. Esta chica *valiente* se sentía orgullosa de lo que había logrado. *Salvar mi propia vida en medio de esa pesadilla fue un acto heroico.* Entendí que merecía reconocerme. Mi *determinación* me había llevado sana y salva de vuelta a los brazos de mi familia. Nadie supo con exactitud lo que había ocurrido ni qué pudo ser tan grave para que regresara. Solo lo aceptaron. Nadie se interpuso en mi decisión ni cuestionó lo que había hecho. Durante toda mi vida me había dedicado a enseñarles a las personas a respetar mi espacio y mis experiencias. *No aprendemos por errores ajenos,* por lo tanto, nadie tiene derecho a opinar si no se le pide consejo. *Al final, todas las razones son verdaderas dependiendo de la perspectiva de cada uno.*

Regresar a mi país me devolvió a ese hogar que por mucho tiempo sentí que no tenía. Me hice consciente del valor de mi familia y de lo que representa cada uno en mi vida. Me dediqué a apreciar a cada persona que me rodeaba de una manera diferente. Por un momento había sentido que lo perdía todo, incluso la vida, y ahora estaba de vuelta. Tenía otra oportunidad para hacer las cosas bien. Incluso regresé a trabajar en el laboratorio, eso que tanto disfrutaba hacer. Era como si lo que viví entre Dublín y Madrid hubiese sido solo un mal capítulo en mi historia. Una lección para darme cuenta de que todo de lo que alguna vez me quejé de mi realidad, ahora estaba siendo de nuevo lo que estaba viviendo, pero desde otra perspectiva. Llegar a mi país una vez más me hizo recordar que nada me pertenecía. Todo eso que durante mis «mejores momentos» tuve: carro, ropa, zapatos y estabilidad económica para conseguir lo que quisiera, ya no existía. Para muchos de los que me conocían, sin saber la razón por la cual regresé, pudo haber significado un retroceso. Para mí, después de entenderlo sabiamente, representaba simplemente una opción para volver a empezar.

Con solo un par de meses de haber regresado a Venezuela, comencé a considerar la posibilidad de mudarme de nuevo a otro lugar. Después de explorar un mundo diferente fuera de la comodidad de lo conocido, me di cuenta de que no podía conformarme. Ya nada era suficiente para mí. Sabía que las oportunidades me esperaban fuera de un país que para ese momento ya se estaba cayendo a pedazos por temas políticos y económicos. Entendía que si me quedaba estaría limitando mi potencial. El que, para ese punto de mi vida, ya me había hecho descubrir de qué estaba hecha y de qué era capaz.

La idea inicial era irme a EE. UU., en donde, para ese entonces, ya se habían mudado mis dos hermanos mayores con sus familias. Ya había visitado ese lugar anteriormente y estaba segura de que sería un buen país para vivir. Sin embargo, en ese momento yo no contaba con el dinero necesario para llegar hasta allá. No quería arriesgarme de nuevo y no era mi intención llegar a depender de otras personas. Sabía que haber ido de vacaciones sería muy diferente a establecerme definitivamente. Así que lo analicé con detenimiento. Había algo dentro de mí que me decía que no era el momento indicado para mudarme. Y decidí hacerle caso una vez más a mi intuición. Analicé entonces varias opciones, hablando con personas conocidas que vivían en diferentes países como: Chile, Ecuador, Argentina y Panamá, buscando orientación y asesoría, consciente de que la experiencia que ellos estaban viviendo no sería necesariamente la mía. Pero quería tener varios puntos de comparación para tomar una mejor decisión.

Hubo alguien que, de manera muy amable y desinteresada, me tendió la mano. Se trataba de una chica que había conocido casualmente en la academia en Dublín, pero que de manera curiosa, a pesar de que no compartimos mucho tiempo, descubrimos tener cosas en común en cuanto a nuestros ideales. En esa oportunidad ella fue ese ángel que necesitaba de guía. Se había mudado de Irlanda a Panamá por razones personales, por lo cual entendió perfectamente el apoyo que yo necesitaba. Mostrándose muy receptiva y con esa disposición característica de las personas con alma noble y servicial, me ayudó ofreciéndome espacio en su casa por un tiempo mientras me estabilizaba. Era curioso que, aun sin ser mi amiga de años, estaba apostando su confianza en mí, así como yo la puse en ella, sabiendo que la decisión que tomaba de irme allá era la correcta cuando sentí un estado de seguridad después de evaluar todas las posibilidades. Acepté, preparé en un par de días todo lo necesario para irme de nuevo. Esta vez el sentimiento no fue de escape, sino de *determinación*. Me di cuenta de que debía seguir avanzando hacia la realización de mis metas. Así que una vez más salí, pero ahora con un plan. Usaría Panamá como escalón para ahorrar dinero y llegar a donde quería.

Al llegar a mi nuevo destino, supe enseguida que no era un lugar en donde quería establecerme. Había llegado con la imagen de Estados Unidos en mi mente. Al contrario de Dublín, el calor era agobiante, por lo que me costó un poco adaptarme a salir a la calle y lidiar con las gotas de sudor que se hacían notar inmediatamente en mi rostro. Las distancias eran mucho más lejanas que en los países en los que me había acostumbrado a caminar, por lo cual se me hizo necesario usar transporte público.

Los primeros días me dediqué a recorrer el centro de la ciudad en busca de empleo. Como en cualquier país, las opciones son escasas cuando se está sin un permiso legal para trabajar. Para ese momento, la chica de la casa en la que estaba viviendo se dedicaba a hacer manicura y pedicura en un spa y me propuso hacer lo mismo. Ella fue guía en mi nuevo camino, enseñándome los lugares por los que había transitado y compartiendo sus valiosas experiencias. Lo consideré como una opción para comenzar, a pesar de que no tenía ningún tipo de aprendizaje previo con respecto a ese oficio. Ya había pasado por lo mismo en otros trabajos que tuve que hacer para salir adelante, así que no me limité.

Al cabo de tres días, sintiéndome agotada física y mentalmente, entré a un salón de belleza dentro de un centro comercial, como la última opción que intentaría esa tarde. Era un lugar ameno, en el que las personas que pude observar trabajando parecían sentirse como en casa.

Pregunté por la dueña del lugar y enseguida levantó la cabeza una mujer joven sentada en un sofá junto a la puerta.

—¿En qué puedo ayudarle? —preguntó.

—Quisiera saber si están buscando personal para trabajar como manicurista —le respondí con amabilidad, al mismo tiempo que le entregaba mi curriculum.

Ella lo tomó en sus manos y mientras lo leía, sonrío.

—¡Tú no tienes cara de saber arreglar uñas! —dijo en tono de burla.

La miré mientras mostraba mi mejor sonrisa y esa sinceridad que muchas veces brota sin pensar.

—¡Usted tiene razón! Solo he arreglado mis uñas y las de alguien cercano que lo necesite. Nunca he trabajado de manicurista. Pero si me dan la oportunidad, ¡puedo aprender! —contesté.

Ella me escuchó con atención y se percató de mi cara de cansancio, producto del día soleado con el que había tenido que lidiar. Entonces, me preguntó acerca de mi vida personal para conocerme.

Le comenté que tenía apenas 3 días de haber llegado a Panamá, que estaba sola en aquel lugar y que necesitaba trabajar. Ella entendió a qué me refería. También era inmigrante y había tenido que empezar desde cero, aun cuando ya tenía su negocio propio.

Me miró amablemente, con esa expresión de madre cuando protege a sus hijos.

—Ven mañana y hagamos una prueba. Lo que no sepas, te enseño. Sé que te irá bien —comentó.

Al día siguiente, comencé con la mejor actitud y disposición. Tenía expectativas por empezar algo nuevo. Recordé lo que había aprendido en Irlanda y agradecí a Dios por respaldarme nuevamente.

Me di cuenta una vez más que siempre hay personas que estarán dispuestas a ayudarte de manera genuina si tú demuestras interés en hacer cosas buenas para ti y para los demás. Que *las oportunidades existen para quien realmente las busca.* Que todos aquellos que hemos comenzado de cero y hemos logrado obtener grandes resultados con paciencia y esfuerzo, nos volvemos empáticos con aquellos que aún empiezan. *No vinimos al mundo a competir, sino a servir. Y quien recuerda que una vez lo ayudaron cuando necesitaba, jamás se negará a ayudar cuando necesiten.* Nunca olvides de dónde vienes. Sin duda, la humildad de reconocerlo te llevará cada vez más lejos.

Cada día, mientras iba de camino a mi trabajo, me dedicaba a observar por la ventanilla del bus para ir conociendo la ciudad. La primera vez que lo hice había descubierto un Laboratorio Clínico ubicado en la avenida principal. Luego, cada vez que pasaba por ese lugar, era como si el anuncio brillara en medio de lo que lo rodeaba. Pensaba que sería un sueño trabajar allí. Extrañaba el mundo microscópico en el que acostumbraba a perderme cada día en medio de mis pensamientos. Mientras tanto, seguía aprendiendo un poco acerca de técnicas de uñas.

Pasaron unas semanas desde que pisé tierra panameña cuando mi nueva amiga y su esposo, con quienes vivía desde que llegué, dispusieron mudarse. Yo había decidido seguir con ellos, ya que aún no me sentía estable financieramente para mudarme sola. Cuando me enteré del lugar que habían elegido, me sorprendí al saber que quedaba justo en el edificio en donde se encontraba el laboratorio. Increíblemente, la vida me estaba llevando de nuevo a donde me había *visualizado*.

Por momentos pensaba en acercarme a preguntar la posibilidad de trabajar allí, aun cuando había escuchado de muchas personas decir que debía hacer un proceso de homologación de mi título universitario para poder ejercer mi profesión. En vista de que mi plan no era permanecer mucho tiempo en ese país, no consideraba necesario hacer una inversión de ese tipo, por lo cual no insistí mucho en ese pensamiento. Sin embargo, sin saberlo, Dios ya tenía un plan para mí.

Un día, al llegar del salón de belleza al departamento donde vivía, me encontré con que estaba de visita la asistente del Laboratorio Clínico. La conocí y en medio de la conversación me ofreció hablar con el dueño para proponerle entrevistarme. Y así fue. No pasó mucho tiempo desde ese día hasta que logré entrar a trabajar allí. Una vez más Dios puso en mi camino a las personas correctas en el momento perfecto. Lo que había estado en mi mente de forma repetitiva cada día al pasar por ese lugar, se materializó de la manera menos esperada. Descubrí que nada en nuestras vidas es coincidencia. *El momento presente es la unión de todos los puntos que vamos creando a lo largo de nuestro camino.* Y a pesar de los comentarios de las personas que nos rodean, *las posibilidades están dadas para todo el que se crea merecedor de recibirlas y esté abierto a las oportunidades.*

Trabajar nuevamente en un ambiente conocido y en el que tenía experiencia me hizo sentir agradecida. Me dio una vez más la oportunidad de relacionarme con personas que me tendieron su mano desde el primer momento. Para ese entonces, había rumores en el país de que los nativos de ese lugar no aceptaban a los inmigrantes, lo cual para mí fue completamente falso. Personalmente, la experiencia dentro de Panamá al compartir con su gente siempre fue positiva, agradable y llena de mucho aprendizaje. De alguna manera, veía reflejado el hecho de que *recibimos lo que estamos dispuestos a dar.*

Mi jefe era un señor de unos 70 años, con mucha experiencia en el área de la Salud dentro de la ciudad. Al principio, su autoridad se impuso para mostrarme la manera correcta de hacer las cosas dentro del trabajo. Sin embargo, al ver mi desempeño y capacidad puso toda su confianza en mí, entregándome la responsabilidad de llevar a cabo todo lo relacionado con ese laboratorio y con otro de su propiedad, en el que también empecé a trabajar. La sencillez, la humildad y la lealtad fueron valores que aprendí de esos panameños, con los que cada día compartía un día de trabajo, un plato de comida y la dicha de tenerlos como amigos.

Mi paso por Panamá se hizo un poco más largo de lo que esperaba. Mi meta de irme a Estados Unidos seguía clara, sin embargo, en medio del camino me encontré repitiendo una vez más de manera inconsciente un ciclo que pensé ya estaba superado. Me di cuenta de que *lo que no se aprende conscientemente aparecerá nuevamente de cualquier manera para mostrarnos la lección pendiente.* ¿Te ha pasado que repites situaciones y conductas una y otra vez hasta que te percatas de que hay algo que debes aprender de ellas?

Ese fue mi caso. Ocurrieron situaciones similares con las que tuve que lidiar de la misma manera en la que lo había hecho en Irlanda. A pesar de que tenía dos empleos estables, por el hecho de trabajar de forma ilegal el pago que recibía no era acorde a mi desempeño. Pasa con frecuencia que ponemos en rebaja nuestros talentos por el temor a perder lo que tenemos «seguro». Yo decidía permanecer allí por el hecho de tener la oportunidad de poder ejercer mi profesión, aunque no estuviese conforme con los ingresos. De esos momentos en los que hay que elegir y sacrificar. *Me sentía tan cómoda con lo que hacía, que me olvide de cómo vivía.* Una vez más me encontré en la encrucijada en la que el dinero que ganaba no era suficiente para cubrir mis gastos mensuales de vivienda, comida y servicios básicos, al mismo tiempo que mi amiga y su esposo, con quienes había estado viviendo desde el primer día que llegué a Panamá, decidieron mudarse a otro país y yo me vi en la necesidad de buscar otro lugar.

Con un presupuesto tan ajustado las opciones eran limitadas, así que tomé ventaja y decidí ir a vivir con un primo materno que llevaba poco tiempo de haber llegado al país y que me tendió la mano para ayudarse también de alguna manera, ya que para ese entonces él no tenía un ingreso estable. Compartíamos una pequeña habitación en el patio de una casa en la que las condiciones no eran óptimas. Dormíamos juntos en un colchón inflable en el piso, con nuestra ropa acumulada en un lugar por falta de espacio y en donde para ir al baño teníamos que entrar a la casa pidiéndole a Dios que no lloviera para no mojarnos. Ambos vivíamos una temporada de aprendizajes constantes, en la que fuimos respaldo emocional el uno para el otro y en la que, si no hubiese sido por la compañía de ambos, nuestros días hubiesen sido aun más complicados. Mi alimentación se redujo a comer pan en el desayuno y en la cena y cualquier cosa que encontrara por menos de 5$ diarios para el almuerzo en mis mejores días, mientras que en muchas ocasiones tuve que ir a dormir sin probar bocado alguno. Sentir que vivía un deja vu de un patrón de escasez me hizo colapsar mental y emocionalmente. Fue frustrante verme de nuevo en medio de una crisis, por lo que decidí tomar acción y buscar otra fuente de ingreso. Ahora está claro que no estaba trabajando de la manera más inteligente, pero para ese entonces no me daba cuenta. Pensaba que para generar más ingresos debía trabajar más horas, de lo que no me percaté fue de que eso me desgastaría notablemente en otro sentido.

Con un tercer trabajo, pasaba todo el día entre los dos laboratorios y al final de la tarde me iba a un restaurante a ser mesera hasta la madrugada. Dormía máximo 4 horas al día, lo cual redujo mi rendimiento de una manera drástica. Mi salud estaba siendo afectada por la mala alimentación y la falta de descanso. Sin embargo, veía cómo en poco tiempo pude estabilizarme económicamente y pronto pude mudarme a un departamento compartido con una chica con la que trabajaba por las noches en el restaurante.

A veces nos volvemos tan automáticos en la rutina y en la carrera por ganar dinero para cubrir nuestras necesidades que olvidamos lo realmente importante: nosotros mismos. *Vamos corriendo detrás de lo que pensamos que nos da felicidad, sin darnos cuenta de que muchas veces es el mismo dinero quien nos la roba.* No hablo de vivir en escasez ni de que el dinero sea malo. ¡De ninguna manera! Solo me refiero a que, *si no aprendemos la manera inteligente de manejar nuestras finanzas, viviremos para siempre en una carrera sin fin.* Y eso era lo que me pasaba.

En medio de mis días de 16 horas laborales, atada de nuevo a la esclavitud de vivir para generar ingresos y pagar cuentas como lo había aprendido y repetido desde mi infancia, caía lentamente en un estado depresivo que me llevó a la desesperación. Repetía además otra historia de relación sentimental frustrada en la que el abandono se hizo presente una vez más. ¿Cuántas veces has repetido los mismos patrones de manera inconsciente? ¡Yo perdía la cuenta!

En vista de que mis horas de descanso no eran suficientes, se me hacía difícil conciliar el sueño. Había comprado algunas pastillas para dormir, pero había preferido dejarlas para un momento en el que pudiese pasar varias horas en casa, lo cual era casi imposible. Hasta que un día me levanté sin fuerzas para ir a trabajar, llamé al laboratorio y avisé que no iría. Decidí quedarme acostada como mi cuerpo me pedía. Ya en ese momento tenía una cama cómoda y no dormía en el piso. En medio del cansancio, vino a mi mente de manera rotunda una pregunta que me hizo mucho ruido al sentir la impotencia de no tener una respuesta. «¿Hasta cuándo?», me pregunté. ¿Hasta cuándo seguiría viviendo de la misma manera? *¿Hasta cuándo seguirán repitiéndose las cosas que tanto me disgustan?* Me encontraba de nuevo en soledad entre las cuatro paredes de un lugar que no podría llamar *hogar*. Estaba lejos de mi familia, quienes seguían viviendo en Venezuela. Me veía de nuevo trabajando sin parar. Sin tener espacio para disfrutar, sin ni siquiera poder dormir bien. Estaba comiendo lo necesario para mantenerme mientras intentaba ahorrar dinero. Vivía en un país que no era en el que me hubiese gustado estar. Y, por si fuera poco, la pareja que había intentado tener se había ido sin explicación. ¡Sí, otra vez!

Vinieron a mi mente todos los recuerdos de las malas experiencias que había pasado en Dublín y en Madrid en relación con el dinero y el amor. Los fracasos que había tenido en Venezuela en cuanto a las relaciones sentimentales. La pérdida de mi hijo preguntándome cómo sería mi vida de haberlo tenido. Incluso recuerdos de mi infancia que creí haber olvidado. Me preguntaba: «¿Qué sentido tenía seguir viviendo?». Sentía que solo me desgastaba trabajando e igual seguía sin dinero. No era feliz en ningún sentido de mi vida, aunque aparentaba lo contrario. Mi familia seguía creyendo que yo estaba bien, ya que eso era lo que repetía cada vez que hablaba con ellos. *Muchas veces ocultamos sentimientos por no querer aceptar que existen. Muchas otras por evitar compartirlos con los demás.* En mi caso, ambas razones eran ciertas.

Poco a poco mi mente se fue nublando y mi corazón se llenaba de dolor y angustia por no encontrar una solución. Recordé el frasco de pastillas que tenía guardado en la gaveta de una mesa al lado de la cama. Quería dejar de pensar. Necesitaba dormir. Enseguida vino un pensamiento que me decía que debía terminar con todo lo que sentía y dejar de sufrir por mis errores. *Morir* era la mejor opción. Así ya no tendría que seguir lidiando con tanta «tontería». Sin embargo, tenía miedo. Caminaba por el departamento para relajarme un poco mientras comenzaba a llover. El sonido de las gotas de agua al caer atormentaba mi cabeza. Pensaba si sería más conveniente dejarme caer al vacío desde la ventana o tomarme todas las pastillas que quedaban en el frasco de somnífero casi nuevo. Así que, en medio de la confusión, empecé a tomar una por una cada píldora mientras mi mente entraba en un estado de shock emocional. Ya nada me importaba para ese momento en el que mis sentimientos se bloqueaban lentamente. Ya no pensaba en nada más que no fuese dormir y no despertar jamás. Lo último que recuerdo es haber ingerido más de diez tabletas sentada al borde de mi cama. De un momento a otro no supe más de mí.

A lo lejos escuché la voz de una mujer con tono desesperado que mencionaba mi nombre. Era la chica con la que compartía departamento preocupada por mí.

Desperté un poco desorientada preguntando qué pasaba. Aterrada, ella me respondió que llevaba dos días sin verme salir de mi habitación. Yo estaba inmóvil y con la respiración entrecortada. Me daba cuenta de que había permanecido dormida durante todo ese tiempo. Había perdido peso y me sentía más débil que antes. Mi teléfono celular no había parado de sonar hasta agotar la batería y yo no había escuchado. No tenía idea de lo que sucedió a mi alrededor en esos días, solo sabía que había fracasado en mi intento por desaparecer.

Mi compañera de residencia no sabía qué hacer. Lo único que se le ocurrió fue llamar a mi jefe del laboratorio para decirle que yo no estaba bien. No había otra persona que pudiera ayudarnos. Yo no podía decir la verdad de lo que había pasado, así que mi jefe llegó a buscarme para llevarme al hospital y en medio de mi estado de letargo mentí diciendo que había tenido una fuerte indigestión. La vergüenza no me permitió decir que había intentado acabar con mi vida. Era lo más irracional de mi parte, sabiendo que me encontraba sola en aquel lugar.

Muchas veces vamos por la vida siendo egoístas, pensando solo en nosotros. No nos percatamos de que *el hecho de sentirnos solos en un momento determinado no significa que realmente lo estemos en la vida.* Nuestra familia y seres queridos confían en nuestras decisiones, por lo que no merecen vivir una experiencia tan desagradable como la pérdida de un familiar por *suicidio* cuando existen muchas maneras de solucionar los problemas. Siempre hay personas dispuestas a apoyarnos, depende de nosotros el buscar esa ayuda para salir del hueco en el que estamos. *Debemos incluso volvernos empáticos al mirar a nuestro alrededor para descubrir si más allá de la sonrisa de la gente hay una crisis depresiva en expansión.* La manera más efectiva de saberlo es a través de una *buena comunicación.* Muchas veces, incluso las personas más cercanas a nosotros están lidiando con situaciones de las cuales ni siquiera imaginamos. *Una palabra certera en el momento preciso puede salvar una vida.*

Después de esa mala decisión que había tomado, tuve que reinventarme una vez más para seguir adelante. *Me di cuenta de que, si no era feliz con lo que tenía, mucho menos lo sería con lo que pensaba que me faltaba.* La única opción era continuar con mi meta por la cual llegué a Panamá, debía enfocarme para cumplirla. Así que retomé mi rutina laboral dejando a un lado el trabajo en el restaurante para reponerme físicamente. Tomé la decisión de comenzar de nuevo cada día con el plan de ignorar todo lo que me disgustaba para no distraerme. No fue fácil levantarme de la cama al principio, sin embargo, era el primer paso para salir de donde estaba. Mientras caminaba hacia el trabajo desde el lugar en donde me dejaba el bus, me repetía a cada momento que faltaba un día menos para estar en donde quería estar. Debía crear en mi mente el pensamiento de estar más cerca de mi objetivo y hacerlo consciente.

Creaba el sentimiento del deseo cumplido e imaginaba cómo sería mi vida cuando me mudara a Estados Unidos.

Durante ese proceso en el que buscaba soluciones para lograr mi meta propuesta, la vida me reencontró con una persona que había conocido cuando trabajé en la farmacia en mi país mientras estudiaba. Era un chico con el que para ese tiempo había tenido una buena relación de amistad cuando coincidíamos en el trabajo. A través de las redes sociales me di cuenta de que estaba en Panamá cerca de donde yo vivía y decidí escribirle.

Nos encontramos para compartir un café y hablar acerca de nuestras vidas. Me di cuenta de que extrañaba las conversaciones con él, ya que es de esas personas que transmiten paz con su presencia y que siempre están dispuestos a ayudarte en lo que necesites. A partir de ese día nuestros encuentros me fortalecieron cada vez más en medio del caos emocional del cual estaba saliendo. Le contaba acerca de las malas experiencias que había pasado y poco a poco sentía como, de alguna manera, él intentaba protegerme. Él se convirtió en un ángel guardián que Dios envió para guiarme hacia su voluntad. Un hombre espiritual que me enseñaba a conocer la palabra de Dios y a tratar de entender su propósito en mi vida. Fue él quien sembró en mí una semilla de fe al regalarme mi primera y única Biblia, el libro más valioso que he recibido. Nuestras conversaciones estaban acompañadas de una guitarra para adorar a Dios, mientras que yo comenzaba a sentirme esperanzada de poder seguir adelante olvidando el pasado que todavía me atormentaba. Ese tiempo fue un *renacer* en mi vida. Sentí que vi una luz al final del túnel. Una vez más, experimenté la *gratitud*. De manera inesperada Dios estaba llamándome, pero de alguna forma no me sentía merecedora de su gracia por tantos errores que había cometido.

A pesar de que seguía en el mismo empleo y ganando el mismo sueldo de semanas atrás cuando había decidido acabar con mi vida, las cosas comenzaron a fluir de forma diferente. No ocurrió un milagro, es solo que recordé que *mientras mi mentalidad esté alineada a mi propósito, las cosas siempre van a fluir de la mejor manera, aunque yo no entienda cómo ni por qué.*

Un par de meses después de estar una vez más al borde de la muerte, decidí mudarme a otro lugar, ya que no soportaba seguir en ese departamento lleno de malos recuerdos. Esa inestabilidad de estar entre un lugar y otro era desesperante, al final sentía que no pertenencia a ninguno. Pasaba la mayor parte de mi día en el laboratorio y el resto prefería estar en la habitación que alquilé. En ocasiones, salía a despejar la mente y subirme el ánimo yendo a un salón de belleza cercano a la casa donde vivía. En ese lugar conocí a una chica con un parecido notable a mí, tanto físicamente como en personalidad, por lo que hicimos una bonita amistad al instante. Nuestras conversaciones se hacían muy amenas, al punto de considerar que parecía estar hablando con mi propio reflejo. Indagué un poco acerca de su historia cuando me contaba del lugar de clase baja del que provenía, en una de las principales ciudades de Venezuela, y que soñaba con tener su propio negocio haciendo lo que le apasiona: el estilismo. Su carisma y convicción me motivaban, al punto de sentir que de alguna manera existía una conexión, como si nos conociéramos de antes, convirtiéndose en una pieza clave en mi camino de ahí en adelante, compartiendo juntas experiencias y aprendizajes.

La dicha de poder celebrar los logros obtenidos de cada una con el tiempo –como el que ella lograra tener su propio salón de belleza–, nos ha permitido saber que, sin importar las circunstancias, las personas que nos rodean se convierten en pilares fundamentales para nuestro desempeño, pero no necesariamente son determinantes, dependiendo del caso. La admiración y el reconocimiento han sido características sobresalientes entre nuestras conversaciones diarias, lo cual nos permite, dentro de una competencia sana, ser cada día mejores mujeres y amigas.

Estas dos últimas personas especiales se sumaron a mi camino para completar, junto a todos mis compañeros de trabajo del laboratorio, a mi primo y a la chica que me abrió las puertas a ese nuevo mundo, ese apoyo incondicional dentro de un país desconocido. Todos ellos me hicieron recordar que la familia no solamente está compuesta de gente con la misma sangre, sino de aquellos que demuestran amor y lealtad por encima de cualquier cosa.

Finalmente, había llegado la hora. Algo en mi corazón decía que mi tiempo en ese país había terminado. No tenía todo el dinero que me hubiese gustado para ese entonces, pero sí lo suficiente para tomar la decisión de partir a mi nuevo destino: Estados Unidos. Esta vez las condiciones por las que me iba eran diferentes. Estaba cumpliendo la meta propuesta desde el primer día que pisé Panamá.

Feliz y en medio de despedidas entre mis compañeros de trabajo y mis dos amigos con los que había compartido los últimos meses, me tocó partir agradecida por cada experiencia que había vivido en ese lugar. Tantos aprendizajes que entre altos y bajos me hicieron reafirmarme como mujer y como hija de Dios. Confirmaba una vez más que cada situación venía cargada de una gran lección. Cada adversidad se convirtió en un escalón para llegar a un próximo nivel. *Mi corazón se sentía satisfecho de haberlo logrado una vez más.* Así que cerré un nuevo ciclo en mi vida, al mismo tiempo que terminaba un año, prometiéndome que los doce meses que estaban por comenzar serían el inicio de la vida que realmente soñaba tener. Entonces, mi tercer tatuaje se dibujó como un avión de papel en mi brazo derecho, el cual representa mi sueño de volar siempre más alto y liviano al lugar a donde me lleve mi corazón.

Durante la celebración de ese fin de año reconocí en mí a una mujer madura. Mi actitud había cambiado para bien. Me sentía complacida de dar el primer paso hacia un futuro diferente con la convicción de que, al llegar a Estados Unidos, todo estaría a mi favor. *Entendí que esa niña que creció en medio de la soledad se había vuelto valiente frente a las adversidades.* Ya no sentía miedo. Observaba con cautela todo lo que estaba a mi alrededor para obtener el mayor aprendizaje en cada situación.

Me había propuesto escuchar más y hablar calmadamente. Evitaba discutir por cosas que robaran mi energía. Aceptaba las diferencias de cada persona porque aprendí a aceptarme a mí, a respetarme, a valorarme. Amaba mi vida de una manera inexplicable después de haber estado en dos oportunidades tan cerca de morir. Había caído tantas veces que ya se me hacía urgente mantenerme en pie. Había superado situaciones emocionales que exigieron tanto de mí que ya nada me parecía tan importante. Había perseguido tantas veces el dinero que empecé a valorar los momentos y a la gente por encima de lo material. Al final, me di cuenta de que nada me pertenecía. Entendí que no podía creer que algo era mío solo porque ya lo tenía, ya que en más de una ocasión lo había perdido todo. Que la vida te da y te quita cosas y personas según el momento que estés viviendo y lo que necesites aprender de ellos. Aprendí a confiar en Dios y a aceptar su voluntad sin importar si la entendía o no. Reconocí mis errores y me perdoné para poder avanzar. *Mi pasado no determinaba lo que veía a continuación, pero estoy segura de que me estaba preparando para recibirlo.*

DESCUBRIENDO TU MUNDO DE FANTASÍA O REALIDAD

1. ¿Cuál ha sido la experiencia más determinante en tu vida por la cual hayas tenido que tomar una decisión importante?

2. ¿Cuál fue esa decisión que cambió por completo el rumbo de tu historia y sus consecuencias?

3. ¿Cuál ha sido el miedo más grande que has enfrentado y cómo lo superaste?

4. ¿Cuál es ese secreto que has llevado dentro de ti por largo tiempo y que sientes que te mantiene atado al pasado?

5. ¿Cómo enfrentas las nuevas oportunidades, aunque no tengas ningún conocimiento al respecto?

6. Siendo sincero contigo, ¿hasta cuándo seguirás viviendo de la manera en la que tanto te desagrada?

CAPÍTULO 4
MUJER DE OTRO PLANETA

Tu determinación será la llave maestra
para abrir la puerta a las oportunidades.

Viajar se había convertido en una de mis pasiones. No solo se trataba de subirme a un avión y despertar en otro país, sino de la sensación de *libertad* que experimentaba. Amaba volar y sentir la adrenalina de cada lugar al que iba. Disfrutaba conocer, caminar, admirar cada nuevo descubrimiento. Con frecuencia la gente conocida me preguntaba: «¿En qué parte del mundo estás?», a lo que yo siempre respondía con una sonrisa aventurera dependiendo de dónde me encontrara en el momento. Para ese entonces había visitado varios lugares: el primero fue Estados Unidos, estando específicamente en el área de Florida, haciendo realidad mis cuentos de hadas en Disney, y en Chicago, en donde finalmente disfruté de la nieve después de haber quedado con las ganas en aquel viaje que hice a Mérida durante mi niñez. Visité Puerto Rico, contagiándome del sabor isleño con su famoso Mofongo. Viví en Dublín, un lugar que me enseñó a apreciar la naturaleza y desde donde, por cosas de la vida, tuve la oportunidad de ir a cumplir mi mayor deseo de conocer París, que me enamoró a primera vista con la Torre Eiffel. También estuve viviendo en España, maravillada con la arquitectura de Madrid y en donde las ciudades de Granada y Sevilla me regalaron un paisaje encantador al ritmo del flamenco en boca de sus nativos, que quedó grabado en mi mente. Viví en Panamá y mientras estuve allí fui de visita a la ciudad de Medellín en Colombia, con la idea en mente de seguir recorriendo el mapa. Me había convertido en una ciudadana del mundo. Cada sello en mi pasaporte significaba una nueva historia. Cada maleta se hacía más liviana, dejando atrás lo que ya no formaba parte de esa etapa. Recordaba con frecuencia cada paso, sintiéndome afortunada del camino que había recorrido hasta entonces. Mi mente se mantenía a la expectativa, esperando ansiosa mi próxima hazaña. Aprendí a reconocer el momento presente y a disfrutarlo.

En medio de una nueva conciencia y después de grandes lecciones, en enero del año 2017 llegué a mi destino, en el cual aún permanezco. Estados Unidos es un país de abundancia. Es un lugar en el que todo está programado y en el que cada detalle se hace visible. Es un estereotipo de perfección absoluta. Todo funciona, todo tiene un ciclo, todo gira en torno a un reloj en el que al parecer nadie tiene tiempo de sobra y a un signo de dólar que te recuerda que todo tiene un precio. Se conoce como el país de las oportunidades. La diversidad de nacionalidades te deja saber que hay espacio para todos. Hay quienes se adaptan al sistema y hay quienes se resisten a él. *Pero sin ninguna duda, es el lugar en donde debo estar.* Comencé mi nueva vida echando al mar las viejas costumbres y abriéndome a la posibilidad de todo lo que Dios ha preparado para mí. Me sentí afortunada, creyendo firmemente en la misión que tengo por cumplir en este lugar.

Desde el momento en que llegué se me hizo común escuchar

conversaciones acerca de lo difícil que era conseguir empleo. Basándome en la experiencia que había tenido en los países en donde había vivido anteriormente, me negaba a repetir una vez más mi patrón con respecto al trabajo. La gente con frecuencia se quejaba de las labores que hacían para ganar dinero, entre las que destacaban: limpieza, trabajos de construcción y servicios de taxi o entregas de comida. Yo venía de trabajar en cosas que jamás imaginé y estaba preparada para lo que seguía. Ya nada me sorprendía. Sólo estaba consciente de que no volvería a condenarme cambiando la vida por un empleo. Había comprobado de alguna manera durante tantos años que mientras más trabajaba, menos dinero tenía y, sobre todo, menos tiempo para estar conmigo. Lo más importante. Lo más valioso. Entendí que *más que trabajar mucho, tenía que hacerlo de manera inteligente.*

Mis hermanos mayores llevaban algún tiempo viviendo en el país. Sin embargo, al llegar, yo decidí vivir con un grupo de amigos que conocía desde Venezuela, ya que se me hacía extraño el hecho de tener que compartir con mis hermanos si me mudaba con ellos y sus familias. Ellos estaban casados y con hijos. Yo estaba acostumbrada a vivir sola y hacer las cosas a mi manera, así que no me pareció buena idea formar parte de un hogar que no era el mío. Mi hermano menor, con el que siempre compartí cuando era pequeña, llegó un par de días antes que yo a Orlando, la ciudad donde habíamos elegido establecernos. Así que, finalmente, todos mis hermanos y yo coincidimos de nuevo en el mismo lugar. Lo que había tatuado en mis gaviotas alguna vez, se cumplió. Ahora estamos viviendo en el mismo país, aunque no sea donde nacimos. Uno de mis tantos deseos se hizo realidad.

DEFENDIENDO MI VERDAD

Durante las primeras dos semanas, después de haber llegado a Estados Unidos, me dediqué a no hacer absolutamente nada. Sentía que merecía un descanso físico y mental después de esa carrera en la que había estado desgastando mi vida. Dormía todo lo que mi cuerpo pedía. Comía lo que me provocaba sin remordimientos. Valoraba cada momento. Escuchaba las experiencias de las personas que tienen algún tiempo viviendo aquí acerca del estilo de vida y la manera de trabajar. La mayoría coincide en que es un país de difícil adaptación en el que la gente vive para «pagar cuentas». No me identificaba viviendo algo parecido de nuevo. Ya había tenido suficiente. No caería de nuevo en el *conformismo*. Me preparaba mentalmente para asumir nuevas responsabilidades. Sin embargo, tenía otra perspectiva. Entraba en otro nivel de conciencia. Ahora mis prioridades se basaban en lo que me hiciera feliz y me diera tranquilidad. Tenía claro lo que quería y no me preocupaba en saber cómo lo iba a obtener. Solo elegía entre las opciones que me acercaran más a mi objetivo de estar en paz.

Así llegó el momento de buscar alternativas de empleo. No hubo ninguna que me hiciera sentir cómoda ni que cumpliera los requisitos que tenía en mente, hasta que, de pronto, la oportunidad se presentó para mi hermano menor y para mí. Una vez más apareció una persona que iluminó el camino para obtener lo que quería. El trabajo que nos ofrecía cumplía mis expectativas en cuanto a horario y pago, que era la condición más importante en aquel momento. Además, tendría la dicha de trabajar de la mano de mi hermano, el ser que me había visto crecer y que me hizo sentir segura desde que éramos niños. Lo curioso sería aprender acerca de mi nuevo oficio, ya que, como era de esperarse, se trataba de algo que no había hecho jamás. Así que sin pensarlo mucho ambos aceptamos un puesto como ayudantes de electricistas en la construcción de una gran estructura comercial. ¿Quién se lo iba a imaginar? ¡Esta señorita rubia, en medio de montañas de arena y cemento de un edificio que apenas estaba naciendo! Al principio me preocupaba un poco el hecho de entrar a ese lugar sin ningún tipo de experiencia, ya que en mi vida no había cambiado ni siquiera un bombillo antes de estar ahí. Pero después de todo, había aprendido que, *si alguien te ofrece algo que puede beneficiarte en tu vida, di que sí, aunque no sepas cómo hacerlo al principio, siempre habrá quien te guíe en el camino.*

Se trataba de una obra en el aeropuerto de la ciudad de Orlando, en la que estaban construyendo una estación de tren. Las instalaciones del lugar eran inmensas y para el momento en el que mi hermano y yo iniciamos solo habían construido las bases. Cada día me sorprendió ver cómo aquella estructura iba tomando forma de manera perfecta y planificada en medio de cada labor desempeñada por todas las personas que estábamos ahí. Hubiese sido imposible lograr la culminación de aquel proyecto si no fuese por el trabajo de cada uno, demostrando una vez más que *hacer las cosas en equipo nos lleva más lejos.* Finalmente, para conmemorar el día en que pusieron la última barra de metal en el área principal del techo del edificio, todos los trabajadores colocamos nuestros nombres, convirtiéndose ese en un momento significativo para mí, ya que era maravilloso saber que formé parte de la edificación de algo tan importante. En ocasiones estamos siendo parte de pequeños instantes que trascienden en el tiempo sin percatarnos en el momento. Es necesario prestar atención a cada labor que realicemos, así como a las personas con las que compartimos esos eventos. Son esas cosas las que van escribiendo nuestra historia.

Le llamaba «disfraz» al uniforme con el que vestía cada día. Llevaba ropa ancha, botas de seguridad con punta de hierro, un chaleco fluorescente, casco y lentes de protección que me hacían ver poco sexi. Continuamente caminaba en medio de aquellas columnas cargando un bolso con herramientas que poco sabía utilizar. Me rodeaban cientos de personas entre las que otra chica y yo éramos las únicas mujeres, lo cual me hacía sentir admirada por todo aquel que sabía lo pesado de trabajar en un ambiente como ese. Tenía en cuenta que podía elegir otro empleo, sin embargo, sabía que la otra opción más viable en mi condición de inmigrante indocumentada era el área de mantenimiento y limpieza, la cual rechacé desde el principio. Ya había pasado la etapa de mi vida de limpiar todo lo que estaba estorbando. Había llegado el momento de *edificar*. Entendí que todo lo que nos toca vivir tiene una lección asociada con la estación que estamos atravesando, con la mentalidad y con el nivel de merecimiento que tengamos en ese momento, y que es parte del proceso aprender a *discernir* y sacar lo mejor de esa situación.

Dedicarme a ese trabajo solo ocupaba unas 40 horas de mi semana, por lo cual quedaba tiempo de sobra para mí. Ese era mi mayor tesoro, estar conmigo, conocerme cada vez más y renovarme constantemente. Así que empecé a investigar para hacer otras cosas que aportaran valor a mi vida. *Ya había desperdiciado mucho tiempo en vivir de una manera en la que no me sentía feliz.* Mientras tanto, leía al menos un libro al mes, siempre inclinando mi interés hacia el emprendimiento, las finanzas y el crecimiento personal. Estaba comenzando a retomar el hábito de hacer ejercicios. Mi tiempo de escritura y meditación seguían siendo sagrados y mi lugar secreto para desahogarme. Mantenía mi costumbre de no tener televisor, como venía haciéndolo desde que empecé a vivir sola, ya que siempre me ha parecido una distracción innecesaria e inútil que me desenfoca de lo realmente importante. Todo lo que necesito saber está en internet, así que indagué sobre nuevas oportunidades que me ayudaran a complementar mi crecimiento en todas las áreas de mi vida. *Aprendí que lo que no se sabe es porque no se busca,* por lo que no había excusas para quedarme en un solo lugar.

Entre tantas cosas que ofrecen las redes sociales, encontré un grupo de jóvenes emprendedores que se dedicaba a desarrollar un negocio de redes de mercadeo en una empresa con décadas de vigencia. Recibí una invitación para asistir a una conferencia y acepté por curiosidad. *Sabía que mientras más información obtuviera, mejores decisiones tomaría.* Al principio, mi escepticismo e incredulidad se dejaron ver en lo inexpresivo de mi rostro cuando el conferencista comenzó a hablar. Vino a mi mente la típica frase: «Eso ya lo sé», creyendo que oía más de lo mismo que había leído en varias oportunidades y que escuché de mala manera en boca de otras personas, las cuales ni siquiera lo habían intentado antes. Sin embargo, a medida que seguía escuchando, una nueva puerta se abría dentro de mí para querer saber más. Más allá de los productos que ofrecían en la compañía, se encontraba un mundo de posibilidades de crecimiento, de convertirme en dueña de mi tiempo y de finalmente poder alcanzar la tan anhelada libertad financiera. Esa era realmente la oportunidad que tenía frente a mis ojos, la posibilidad de poder construir una red de franquicias de distribución que poco a poco me generaran ingresos mientras yo duermo. Es un concepto que sin duda funciona y con el que muchas personas a través de la historia se han hecho millonarias.

Yo estaba lista para empezar, y lo que más me atrajo de todo lo que vi en ese lugar fue la educación en todos los ámbitos de inteligencia: financiera, emocional y social, con la que día a día seguiría inyectando potencial a mi cerebro y ampliando la visión de lo que deseo lograr. Así que mi perspectiva cambió completamente de lo que yo había imaginado a lo que realmente era después de haber escuchado toda la información. Me sentí como pez en el agua al saber que había encontrado un lugar en donde lo que debía hacer era leer para entender el sistema de duplicación y *equilibrar la conciencia* entre lo que tenía en ese momento y lo que quiero lograr a nivel financiero. Finalmente, las redes de mercadeo se habían convertido en el vehículo que necesitaba para salir de donde estaba.

Todos éramos inmigrantes compartieron experiencias y conocimientos. Cada uno con una visión que se reflejaba al final del día en cada taller educativo al que asistíamos para aprender estrategias de cómo generar ingresos de manera más inteligente y duradera. Salir de lo común era nuestro principal objetivo. No encajábamos dentro de la sociedad acostumbrada a vivir con lo que «le toca». Yo había tenido suficiente de eso. Sabía que merecía más. Estábamos rompiendo paradigmas en cuanto al sistema «vivir para trabajar». Rechazábamos la idea de medir nuestras horas de vida en base a un salario. Entendimos que no podemos olvidar nuestras habilidades ni debemos permitirnos ser máquinas de producción que hacen dinero para alguien más.

Aprendíamos sobre la autoeducación, algo que yo venía imponiéndome desde mi niñez. *Entendiendo que educarnos de manera autodidacta es más eficaz, ya que nos permite maximizar esa parte de nosotros que descubre nuestros talentos y pasiones, mostrándonos el mundo desde una perspectiva más real.* Personalmente, considero también el valor que la educación escolar nos aporta, ya que nos enseñan principios de responsabilidad y disciplina, así como el carácter para resolver problemas, y nos prepara de manera académica para representar la profesión o la carrera de vida que elegimos desempeñar. Sin embargo, es claro que la teoría es diferente a la práctica. Gran cantidad de empresarios multimillonarios revelan sus historias de emprendimiento lejos de la escuela y lograron grandes hazañas con su curiosidad. Lo que demuestra que *el nivel educativo no determina quién eres ni qué eres capaz de obtener.*

Personalmente, llevo una biblioteca mental desde mi infancia. He perdido la cuenta de los libros que he leído. Me apasiona el hecho de que cada historia revela un secreto. Estar dentro del negocio y en medio de ese grupo de gente con actitudes de liderazgo, me mantenía en competencia conmigo misma para lograr lo que quería. Sin embargo y a pesar de que me sentía cómoda compartiendo con ellos, había algo con lo que no me identificaba. Era la idea que intentaban hacernos creer de que, si no hacíamos eso, no había otra cosa en la que pudiésemos ganar gran cantidad de dinero. Esa era una creencia limitante comercializada, ya que con todo lo que había recorrido a lo largo de mi vida sabía que estar allí no determinaba el éxito o el fracaso. *Solo era un camino para llegar a un destino, pero no necesariamente el único*. A pesar de eso entendí que el *Network Marketing* definitivamente es el negocio del presente y del futuro. Aprendí que *para lograr mi meta de ser libre financieramente debo trabajar en equipo*. Esa era una de las herramientas más tangibles, ya que finalmente podría generar ingresos de varias maneras sin tener que trabajar durante toda la vida.

Sin embargo, en ese lugar y en ese momento del camino, no significó lo que buscaba. Sentí que lo que había aprendido hasta ese día era suficiente para tomar la decisión de retirarme de esa compañía con la intención de aplicar el conocimiento y habilidades adquiridas durante ese tiempo en buscar otra oportunidad con la que sí me identificara por completo. Mientras que algunas personas que aún permanecían con la idea de que si renunciaban estarían fracasando, para mí fue la certeza de saber que ese a penas era el comienzo de todo lo que venía. Así que, en ese mismo momento renuncié al trabajo de construcción en el cual había permanecido por 1 año, entendiendo que ambas actividades ya habían cumplido su misión en esa parte de mi vida.

En esa época, además, me encontraba estudiando una capacitación para hacer reválida de mis credenciales como Bioanalista, con la cual obtuve una licencia para ejercer como asistente de laboratorio clínico. Era tanto lo que me gustaba mi profesión que veía ese oficio como parte de un servicio, más que una manera de obtener ganancias, con la que aprendí a ver el lado humano, valorando la vida de todas las personas y no solo la mía. Intenté todo lo que estuvo a mi alcance para trabajar de nuevo en el área de la salud, pero por alguna razón no pude lograrlo, entendiendo después que de cualquier manera no hubiese podido permanecer por mucho tiempo dentro de un hospital como un empleo, ya que eso no me llevaría a la libertad que deseaba.

Seguí buscando opciones. Me enfocaba en conseguir algo que me permitiera tener tiempo disponible para mí y generar ingresos suficientes para cubrir mis gastos. Empecé entonces a trabajar haciendo transporte a pacientes que debían asistir a consultas médicas. Era un trabajo que me permitía flexibilidad al viajar dentro y fuera de la ciudad llevando a personas de bajos recursos que dependían por completo del buen funcionamiento de un sistema de salud. En ocasiones, conocía las condiciones de algunos de ellos, lo que me recordaba ser cada vez más consciente de la fortuna de estar sana y saludable, algo que muchas veces simplemente daba por hecho. Disfrutaba de alguna manera el estar parte de mi día moviéndome por todos lados y apreciando todo lo que me rodeaba.

Cuando tenía tiempo libre, en medio del horario y de la ruta asignada, aprovechaba para conocer algunos lugares. Apreciaba cada amanecer y cada atardecer, admirando la naturaleza y la creación de Dios. El estar dentro del carro la mayor parte de mi día me hacía sentir que delimitaba un espacio en el que no podía faltar un libro, un café y mi envase con comida y *snack* para evitar gastar dinero innecesariamente. Mi carro se convirtió en mi refugio móvil, un lugar en el que nadie interrumpía mientras yo seguía siendo mi mejor compañía. *Hablaba a diario conmigo, de esas conversaciones que no tendría nunca con nadie más.* No me desgastaba trabajando, ya que el hacerlo me dejó solo ausencia de momentos importantes. Entendí que seguía siendo solo un medio para llegar a un fin, pero no la prioridad que debía seguir. Estaba creando, de forma paralela, la vida que quería, diseñando cómo sería mi estilo de vida cuando fuese libre financieramente y obtuviese aún más tiempo para mí. Iba creando espacios en mi mente en los que ni el pasado ni el presente determinarían mi futuro. Solo era cuestión de tiempo y voluntad para seguir creyendo. Y para eso, no podía permanecer la mitad de mi vida encerrada en un solo lugar para producir dinero, como vi que mi padre lo hizo alguna vez. Yo había decidido cambiar la manera de hacer las cosas.

MI TEMPLO

Mi camino siempre estuvo lleno de experiencias que determinaron de alguna manera la persona en la que me convertía cada día. Con el tiempo fui desarrollando dentro de mí a esa mujer segura de sí misma. El crecer en medio de un espacio vacío de cosas materiales y viajando con solo lo necesario para sobrevivir, me enseñó que *el verdadero sentido de la vida se encuentra dentro de mí*. Levantarme cada día agradeciendo a Dios por una nueva oportunidad me hizo reconocer que nada depende de lo que yo haga. Que mi fe se ve demostrada al confiar siempre en que hay algo más, aunque no pueda verlo. *Que mis actos son el resultado de mis pensamientos.*

Entendí que lo que yo hiciera en soledad representa en realidad lo que yo soy. Que esa persona en la que me convierto al cerrar la puerta, esa que nadie puede ver, define lo que llevo dentro. Mi integridad se ve plasmada en cada buen acto y en cada pensamiento de bien que tengo hacia alguien. Aprendí que no debo demostrar a nadie al hacer una buena obra, porque estaría vanagloriándome. *Que la humildad no se define por la cantidad de dinero que tengo o el lugar en donde vivo, sino por la sencillez de lo que mi corazón es capaz de expresar.*

Aprendí que mi cuerpo representa mi templo, mi lugar sagrado. Entendí que durante tanto siempre fue mi mejor compañía, mi refugio. Que debía cuidarlo y sentirme satisfecha porque es donde pasaré el resto de mi vida. Me exigí amarlo incluso con defectos. Cuidarlo, honrarlo, darle lo mejor en todo momento. Desde siempre tuve el hábito de alimentarme de manera *saludable,* eligiendo comer gran cantidad de proteína y vegetales en lugar de grasa y carbohidratos, consciente de que soy responsable del impacto directo que genera la comida en mi salud y bienestar. Evito asumir un régimen estricto o una «dieta», entendiendo que eso crea un efecto psicológico en el que de alguna manera nos autosaboteamos. Es más fácil considerar la buena alimentación como un estilo de vida que nos permita mantenernos en buenas condiciones. Hacer ejercicios al principio era una lucha contra mis costumbres. Nadie de mi familia tenía ese hábito, por lo que no existía un modelo favorable a seguir en ese sentido. Sin embargo, sabía que *una decisión personal cambiaría todo.* Así que, empecé. Por mí, *por mi salud más que por mi apariencia.* Al principio no era constante y mis pensamientos se debatían entre hacerlo ahora o dejarlo para después. Incluir una rutina en mis días a la que no estaba acostumbrada siempre requería tiempo y disciplina, pero sobre todo la conciencia de saber el *para qué* lo estaba haciendo. Así que aprendí a no boicotearme cuando la pereza quería dominarme. *Entendí que dependía de mí el estar en condiciones de salud óptimas para garantizar vivir de la mejor manera posible en mi vejez.*

Además de cuidar mi cuerpo, aprendí que mi mente es el centro de todo. Por lo tanto, decidí protegerla como el mayor tesoro. Decidí elegir cuidadosamente la información que iba a inyectarle.

El hábito de lectura que aprendí de mi madre fue un modelo a seguir para aumentar mi conocimiento en diferentes temas. Los libros se convirtieron en mis compañeros de camino, en mis mejores amigos. Una palabra precisa en el momento justo. Una historia que me imaginaba viviendo o una que creaba para vivirla a mi manera. Porque también me gusta escribir. Y ese es el talento más bonito que Dios me entregó. El poder expresar en páginas en blanco todo aquello que llevo en mi corazón es como comenzar de nuevo cada vez que sea necesario. Definir metas, establecer detalles de mis deseos, delimitar tiempos. Cada letra tiene un significado. También entendí que para llegar a donde anhelo, debía salir de la programación mental que me inculcaron. Por lo tanto, necesitaba siempre aprender más. Complementar la lectura con audios y conferencias de personas con experiencia en cualquier tema de mi interés fue el impulso para reformular mis creencias, para lograr ver fuera de la caja en la que me habían enseñado a vivir. Para salir del modo automático.

Cuidar mis pensamientos también implicaba decirme palabras valiosas y de grandeza. Creé mi propio mantra, que repetía cada día al despertar. Pegaba papeles en las paredes de mi habitación con palabras que me levantaran cuando me sintiera derrotada. Un recordatorio a *mi héroe interior* que me diera un empujón para seguir adelante.

Algunas de las frases que incluí en mis rutinas mañaneras son:

- Yo amo mi vida
- Yo amo mi cuerpo
- Yo amo mi mente
- Yo soy una hija de Dios

- Yo soy merecedora

- Yo soy poderosa

- Yo estoy sana y saludable

- Yo soy feliz

- Yo soy próspera

- Yo soy millonaria

- Yo soy amada y respetada

- Yo soy valorada

- Yo soy hermosa

- Yo tengo todo lo que necesito para lograr todo lo que quiero

- Yo soy capaz

- Yo soy inteligente y sabia

Entendía cada día el impacto positivo que se generaba en mí al leerlas. Era como si cada una de ellas me diera una dosis de mi realidad y no de lo que otros pensaban de mí. *Aprendí que la única verdad proviene de mi interior.* Por eso, también me paraba frente al espejo cada día sin ropa, para apreciar y agradecer cada centímetro de mi cuerpo, viendo claramente el reflejo de lo que mi mente pensaba. Siendo imagen y semejanza, un ser creado a la perfección, en el que, si me descubría pensando que algo de mí no me gustaba, estaría negándome a mí misma y transmitiendo un mensaje errado al exterior, dando paso a la opinión de afuera.

Pero en medio de todo, mi cuerpo y mi mente dependían de algo mucho más valioso que debía cuidar: *mi espíritu.* Esa parte de mí que realmente me conforma desde un ámbito más profundo. En la intimidad, *la oración se convirtió en mis palabras de verdad,* en mi conexión con la fuente, en mi voz interior. Orar es hablar con Dios. *No significa pedir, sino agradecer.* Es expresar desde lo más profundo de tu corazón los secretos que solo Él conoce y descansar en un lugar de paz en donde la fe se hace cada vez mayor, aunque no puedas entenderlo. Se trata de creer, de escuchar su voz encontrando calma en medio de la tormenta y recibir dirección para seguir el camino correcto, según su voluntad. Es aceptar que no puedo hacer nada por mis fuerzas si no me respalda su Espíritu Santo. Adorar a Dios se convirtió en mi parte favorita del día, por eso decidí hacerlo a todas horas. Aprendí que la adoración no se trata solo de cantar o alabar, sino de servir. *Cualquier acto que haga bajo la obediencia, es una forma de adorar a mi creador.* Por lo que elegí adoptarlo como un estilo de vida de honra, lo que me mantuvo siempre agradecida.

De la soledad entendí que todo dependía de mí. Las consecuencias de lo que viví siempre fueron una respuesta a las decisiones que tomaba. No había espacio para victimizarme. Nadie más es responsable de los frutos de mi cosecha. Mi *actitud* era determinante para superar cualquier cosa. *Todas las reacciones a las situaciones vividas eran una respuesta a la programación que me había autoimpuesto desde el primer día que me sentí sola cuando era niña.* Debía defenderme de alguna manera. Observaba a menudo personas cercanas quedarse paralizados ante cualquier situación y me decía firmemente que no quería ser parte del montón. *Que siempre debía buscar una solución para todo o una forma diferente de hacer las cosas.* Sería la única manera de romper el molde.

En medio de esas conversaciones profundas conmigo y con Dios, internalizaba que había algo que siempre me hacía considerarme diferente de los demás, algo que forma parte de mi esencia, algo que me caracteriza. Por momentos sentía que no encajaba en medio de lo que me rodeaba. Era como no pertenecer. Como una aguja en un pajar en medio de una sociedad sin identidad. Miraba desde las personas más cercanas hasta los famosos. Todos siguiendo el patrón de aparentar siempre tener más y ser más que los demás. *Una eterna competencia por demostrar.* Y mientras tanto, se olvidaban de lo realmente importante: ellos mismos. Sin importar el qué dirán. *Me di cuenta de que la mayoría de la gente mide el éxito con cosas materiales. Cuánto tienes, cuánto vale*s. Realmente se trata de algo más profundo. Ese proceso que me acercaba al merecimiento y el detrás de cámara que me conllevó a obtener lo deseado.

Hay tantas maneras de lograr lo tangible, pero lo verdaderamente valioso radica en aquello que nadie ve y que nadie puede tocar. Sobre todo, aquello que nadie siquiera imagina. Me sorprendí muchas veces celebrando logros ajenos, creyendo que ellos eran más capaces que yo porque mostraban los premios obtenidos. Me sentí incluso frustrada por no tener lo que ellos tenían y alardeaban, pero realmente no sabía qué había detrás. Con mis experiencias aprendí que no todo es color de rosa. Que muchas personas mienten para crear una imagen «perfecta» frente a gente que ni siquiera le importa. Yo también lo había hecho en mis momentos de «fama». Luego, aprendí que después de haber superado situaciones tan fuertes como la pérdida de mi hijo, un intento de asesinato del que sería mi esposo y un intento de suicidio por depresión, yo realmente llevaba el éxito y el liderazgo de mi vida. Cosas que nadie imaginaba. No necesitaba contarles a todos para que supieran de mis victorias. *Eso era realmente el éxito para mí. El estar viva en medio de todo. Nada que se pague con dinero puede comprar la satisfacción de haberlo superado.* Entonces, vino a mí esa necesidad de descubrir la verdad de mi propio y auténtico yo. Y me dispuse a meditar.

EL PODER DE LAS PALABRAS

Durante ese momento a solas conmigo me pregunté muchas veces: «*¿La persona que la gente conoce de mí es realmente quién soy* o sólo estaba siendo parte de la inercia común para cumplir con lo que se esperaba que fuese?». Cada día se hace más notable el hecho de que vivimos en un mundo en el que una cara bonita vale más que un buen corazón. Una sociedad de estereotipos marcados en el que hemos sido arrinconados hasta encerrarnos en la cárcel de la perfección, en la prisión de los «*deberías ser*».

Mucha gente no tiene idea de quiénes son realmente desde adentro hacia afuera, ya que prefieren ignorar escucharse y reconocerse por temor a no aceptar su realidad. Incluso yo me descubrí tantas veces adaptándome al exterior que olvidaba por completo que soy un ser único e independiente, buscando siempre la manera de evitar hacerme parte del común denominador para no perder mi esencia. Sin embargo, algunas veces me permití asumir lo que me rodeaba como una norma a seguir para encajar en lo socialmente aceptado, descubriendo dentro de mí a alguien que no era feliz.

Veo con desánimo cómo la cultura nos entrena para ser individuos en busca de los más parecido a la felicidad, de cumplir nuestros sueños y anhelos de éxito sin percatarnos de que cada día son esas mismas cosas las que más nos alejan de ello. Nos programan con mensajes subliminales y con publicidad, para hacer incluso cosas que nos desagradan para lograrlo y al final simplemente obedecemos. Desde pequeña me negué a vivir la vida como si alguien más la hubiese escrito como una ley, y con los años fui descubriendo que poseo una necesidad innata de expresarme, aunque sea considerado rebeldía. *Nadie me ha prohibido pensar. Por lo tanto, nadie va a prohibirme callar.*

Desde que era una niña, cada cosa que sucedía a mi alrededor quedaba grabada en mí de manera inconsciente. Sin darme cuenta, me convertía en un reflejo de lo que percibía en mi familia, de lo que me enseñaban en la escuela y de las personas con las que compartía a diario, y así pasa con todos. Crecí siendo una copia de mis padres en costumbres, personalidad y pensamiento. Nunca fui consciente de que ellos también cumplen con un patrón establecido por sus padres, y así sucesivamente. Al final, sin querer nos convertimos en una cadena interminable de procesos sin explicación. El *paradigma* «¡Así lo aprendieron mis padres y así me lo enseñaron!», se tatúa como un lema en nuestra mente. Me tocó aceptar que lo que me desagrada en ellos es lo que terminaba copiando, por lo que decidí cambiarlo de manera consciente. No porque esté mal, sino para evitar repetir los errores que se han cometido en mi familia y transmitir de la misma manera esas actitudes a mis hijos y a las siguientes generaciones.

Cada palabra, cada acto que he presenciado a lo largo de mi camino de las personas con las que me he relacionado directa o indirectamente, ha forjado un sinfín de actitudes que creó un ser invisible dentro de mí. Todas las situaciones que he experimentado y superado han moldeado mi carácter. *De pronto me di cuenta de que me había convertido en dos personas totalmente opuestas a la hora de enfrentar cualquier evento cotidiano. Una que vive para mostrarle al mundo lo que se espera de mí y otra que intenta escapar sin descanso.*

Llegó un punto de esa línea recta en la que perdía mi identidad. Me vi caminando por la vida sin un propósito claro. Simplemente cumpliendo con una expectativa de «hacer las cosas bien». Desde pequeña me enseñaron que nacemos, estudiamos, trabajamos, morimos. Ese es el ciclo. Pero ¿quién determina realmente lo que es correcto? Como SERes humanos estamos conformados por pensamientos y sentimientos que desnudan nuestro interior. Eso que nadie puede ver ni tocar, esa parte de nosotros que es real. Algo que va más allá de lo visible. Hay algo muy dentro de cada uno. *No se trata solo de lo que piensas que eres. Se trata de quién eres realmente.*

Llegó ese momento de mi vida en el que me detuve a pensar. Si tuviese que responder *¿quién soy yo?*, ¿qué diría? A lo que mi mente inmediatamente reaccionó con diferentes variables. Pudiese mencionar simplemente mi nombre como señal de identidad. Quizás diría algo acerca de mi nacionalidad, mi religión o mi sexo. De pronto, me escucharían hacer énfasis en mi profesión u oficio, como lo hice tantas veces por creer que un título universitario es sinónimo de superioridad y que tenerlo te limita en esa área, como he escuchado en muchas personas que se definen a sí mismos a través de una licenciatura o doctorado, dando a entender que no tienen nada más que ofrecer o que su vida permanece atada a esa profesión. Probablemente diría que soy una hija y hermana maravillosa. O en el futuro podría asegurar que soy la mejor madre porque dedicaría la vida entera a mis hijos. Si mencionara a mi pareja, seguramente describiría lo que soy basado en lo que siento cuando estoy con él. *Pero si todo eso se apartara de mí, ¿que quedaría?*

En los momentos de soledad en los que el silencio grita tan alto que no puedo oír, aparece ese YO SOY que me define, esa parte de mí que nadie conoce. Nadie sabe con certeza que hay detrás de mi fachada, nadie tiene idea de todo lo que he vivido. Me reencuentro conmigo y soy libre de las apariencias. Me despojo de las limitaciones mentales que me alejan de lo que deseo expresar. Defino mi verdad valorando lo que existe dentro de mí. Simplemente respiro y me desconecto del miedo y de las dudas. Me enfrento con el espejo y mi reflejo. Me convierto en protagonista de mi historia y comienzo a vivirla a mi manera. Dibujo la vida desde la perspectiva de mis pasiones. Hago un mapa de fotografías de mis sueños y metas y escribo constantemente con detalles lo que deseo. Me pregunto si esta es realmente la vida que quiero, y de no ser así, invento una estrategia para cambiarla e intento cada día seguirla al pie de la letra. En ocasiones, lo logro, en otras, aprendo. Lo que es seguro es que me permito fracasar. Decido, me atrevo y me muevo. No me permito quedarme paralizada y conforme. Siempre ando en busca de más valor, de más opciones que me permitan ser quien realmente me define.

Es en los momentos de soledad que aprendo a descubrir de qué estoy hecha y de qué soy capaz. *Recuerdo con detalles cada cosa que me ha traído hasta el lugar en donde estoy.* No ha sido fácil. Recuerdo todo lo que he superado y me hago consciente de mis victorias. Visto ligero y sin complicaciones. Busco la comodidad.

Lavo mi rostro para despojarme de la máscara que uso a diario para agradar a la gente. Lloro sin tener que demostrar que soy fuerte y en cada lágrima arranco de mí todo lo que me causa dolor. Vivo. Muero. Me permito caer las veces que sean necesarias. Me levanto, me sacudo el polvo y sigo. Sonrío. *Celebro cada logro que solo yo sé cuánto me ha costado obtener.*

Elijo mi lugar favorito, mi cuarto. Ese espacio en medio de la nada me devuelve recuerdos como un álbum fotográfico de mi vida entera. Analizo cada experiencia que ha dejado en mí una huella de ensayo y error. Reconozco el propósito de cada persona que ha entrado en mi vida en el momento preciso y valoro lo que cada uno de ellos ha aportado. Muchas veces, ese valor aparece cuando ya no están, por eso aprendo a agradecer a las personas por ser parte de mi vida. Aprendí a demostrar sentimientos a diario. Enviar palabras de amor o amistad cambia por completo el día de una persona. Abrazo. Me hago presente.

Un intercambio de momentos y de palabras desfilan frente a mis ojos cuando me dispongo a observar y a escuchar detalladamente. Me vuelvo empática, agradecida. Me convierto en amiga y en confidente de aquellos que necesitan ser escuchados. Valoro los momentos más que las cosas materiales. Disfruto de un buen vino o una taza de café, de buena música y de un buen libro. Me deleito con mi comida favorita sin remordimientos.

Me enamoro cada vez más de mi compañía. Por un momento acepto que sin importar cuántas personas me rodeen, prefiero estar sola. Me dedico a no hacer nada y está bien. Por tranquilidad, por no tener que dar explicaciones. Por descansar un poco de la monotonía, por escapar, por hacer de mi cuerpo un refugio seguro. Simplemente por estar en paz. Porque entendí que el estar haciendo algo en todo momento no significa necesariamente que sea productiva o que eso genere un cambio significativo en mi vida. Porque se vale salirse de la línea. No existen los gritos ni las miradas comparativas. Las críticas no caben entre cuatro paredes. No hay quien juzgue ni exija, no hay quien señala los puntos débiles de mi conducta. Soy. Estoy. Pienso. Siento. Me aferro a una almohada. Me aferro a Dios. Amo, perdono y olvido. Pongo mi mundo de cabeza. Arreglo lo que no sirve y me deshago de lo que me estorba. Me vuelvo simple y ligera. Observo lo que me rodea y me despojo de lo que no me pertenece. *Entiendo que todo lo que yo soy, es todo lo que tengo. Y es todo lo que necesito para estar.*

DESCUBRIENDO TU PLANETA

1. ¿Qué es eso que te apasiona y que harías de por vida si fuese gratis?

2. ¿En qué momento de tu vida empezaste a defender tus ideales por encima de cualquier cosa? ¿Cómo ha influido eso en ti?

3. ¿Estás dedicando tus días a un empleo que te llena de energía o a uno que te resta vida? **La respuesta a esta pregunta puede cambiar tu presente y tu futuro.**

4. ¿Qué actividades haces para aumentar tus conocimientos y tener referencias al momento de tomar decisiones?

5. ¿Qué haces para cuidar tu cuerpo, tu mente y tu espíritu?

6. ¿Cuál es tu lugar favorito para estar contigo?

7. ¿Qué haces durante tus momentos a solas?

CAPÍTULO 5
EL SIGNIFICADO DEL SILENCIO

Solo cuando eres capaz de callar,
estás preparado para escuchar.

En los momentos más duros de mi vida, en medio de ese vacío a mi alrededor, el silencio me revelaba cosas que con el ruido de afuera nunca podía escuchar. Me preguntaba tantas veces por qué me pasaba todo a mí. ¿Qué estaba haciendo mal para merecerlo? Lloraba incansablemente hasta quedarme dormida, pidiendo una luz de esperanza. Me sentía rota por dentro. Tenía una necesidad urgente de confiar en la fuerza sobrenatural de un milagro.

Siempre he creído en Dios. Mis abuelos y mis padres crecieron creyendo en una religión específica por cultura. *Una de las conductas aprendidas de sus padres y transmitida a la familia.* Íbamos a la iglesia solo en eventos especiales como parte de un ritual de costumbre. Yo siendo niña no entendía el significado y quizá muchos en mi familia tampoco, solo cumplíamos un deber y nos sentíamos culpables por no obedecer. Olvidábamos que Dios no necesita que finjamos hacer cosas que no entendemos. Él está presente en todos los lugares y conoce nuestro corazón.

Hubo un momento de mi vida, alrededor de mis veinte, en el que alguien cercano me invitó a una iglesia diferente a la que estaba acostumbrada a ir con mi familia. Acepté acompañarlo. Sentía la necesidad de conocer a Dios de otra manera. Lo que me habían enseñado desde pequeña me llevaba a decir de manera repetitiva un montón de oraciones que no generaban ningún sentimiento en mí. Mi corazón sabía que había algo más. Me sorprendí al llegar a aquel lugar, ya que no tenía nada que ver con las iglesias a las que estaba acostumbrada a ir. No era ni siquiera lo que algunos conocen como templo. Era simplemente el garaje de una casa en una zona de bajos recursos en la ciudad de Valencia, en donde vivía. Llegar allí y conocer otra manera de adorar a Dios fue algo nuevo para mí. La gente cantaba, aplaudía, oraba emocionada. Era como si Dios estuviera dentro de ellos haciéndolos felices y lo demostraban. Eran libres para expresar lo que sentían y me sentí en paz. A pesar de no conocerlos, sabía que nadie me juzgaba ni me criticaba por mis palabras ni mis actos. Ni siquiera por mi forma de vestir. Mientras que en el otro lugar al que solía visitar la norma era vestirse «de la manera correcta» para poder entrar. Fue entre ellos que entendí que *Dios no ve apariencias, sino corazones*. Fui libre de todo prejuicio. Asistía cada domingo para compartir con esas personas que me estaban mostrando una cara diferente acerca de un Dios vivo. Y le entregué mi vida a Jesús.

Eso fue mucho antes de empezar mi travesía viajera. Quizás unos 4 años antes. No tenía idea de todo lo que estaba por vivir más adelante. No sabía qué significaba comprometerme a seguir a Cristo. Solo estaba segura de que necesitaba llenar un vacío. Solo sentía la necesidad de que Dios supiera que existo, como si no fuese él quien me creó. Con el tiempo fui entendiendo todo. Descubrí que no es necesario esperar el momento "perfecto" para ser usados por

Dios, cuando Él cada día está haciendo un milagro con y a través de nosotros.

ELEGIDA

Desde que empecé mi aventura de vivir sola y recorrer un camino completamente desconocido, sentí que algo más grande que yo me protegía. Era como si en medio de todo siempre hubiera un refugio para mi dolor, una guía que me indicaba el camino a seguir, una respuesta a preguntas que ni siquiera me formulaba por miedo. Recibía a diario la provisión para seguir teniendo mis necesidades cubiertas, aun cuando muchas veces llegue al final de la noche sin saber si al día siguiente tendría comida.

Las personas claves aparecían de la nada para cumplir un propósito en cada etapa. Conté siempre con techo seguro donde dormir, sin importar los lujos. Seguía teniendo la fuerza interna para continuar a pesar del cansancio. Sin duda, Dios, mi padre, me respalda en todo momento. En medio de las adversidades y de todas las pruebas que pasé, muchas veces me afligía el hecho de pensar en que Dios me abandonaba. Pero nunca perdí la fe. En medio de cada crisis sentía que un ángel se posaba a mi lado para cuidarme. *Con el tiempo entendí que cuando Dios me pone al borde de una situación que yo no puedo cambiar, debo confiar plenamente y dejarlo todo en sus manos.* Él siempre me va a sostener y luego me enseñará a volar para sobrepasar los límites que me detenían. Descubrí que a Dios no lo mueven mis lágrimas, sino la convicción de saber que a pesar de lo que esté pasando Él está conmigo. Por eso aprendí que no debía orar desde mi debilidad como reclamando que Él no cumpliera con lo que yo le pedía, sino que debía hacerlo desde el agradecimiento y desde la fe de saber que Él convierte cada prueba en una bendición.

Sentir la presencia de Dios en mi vida se hacía notable en mis momentos a solas. Entrar en un ámbito espiritual de adoración en el que solo escuchaba su voz era tener la certeza de que fui hecha a su imagen y semejanza. No se trataba de lo que yo hablara con Él, sino de lo que Él pudiese decirme. Siempre que creía en sus palabras, me convertía en lo que Él es. No hay nada que yo pueda hacer para ganarme lo que Dios quiere darme. Su gracia, su amor, su bondad, su perdón por todos mis errores. Comprendí que Dios me daba todo sin yo merecerlo. Y, casualmente, leí una vez algo que quedó grabado en mí, decía así: «*Si te condenas, no me culpes*». Y acepté que muchas veces quería responsabilizar a Dios por mis faltas cuando, de manera consciente, yo elegía pecar.

En medio de tantas cosas que vivía, entre la rutina y el correr detrás de algo que ni siquiera sabía con certeza qué era, hubo momentos en los que me olvidé de Dios. Le di prioridad a cosas sin sentido: el trabajo, el dinero, las personas, los bienes materiales. El afán por tenerlo todo bajo control. Fueron cosas que sin darme cuenta me apartaron de él. Yo me alejé por completo, pero Dios siempre estuvo. Quizás las malas experiencias que tuve fueron consecuencia de mi desobediencia. Era como si papá me dijera: «¡No te metas por ahí porque te vas a caer!» y yo iba corriendo y me lanzaba de cabeza. Sin saberlo estaba retando las posibilidades. Me daba cuenta de que no tenía tiempo para orar si toda mi atención estaba en la próxima fiesta o el próximo lugar qué visitar. Incluso en las personas a mi alrededor. Además, estar «pendiente» de las cosas de Dios no cuadraba con ese estilo de vida. Y en medio de su sabiduría y autoridad, El no interfería sin que yo se lo pidiera.

Fueron varios años de sentirme golpeada a nivel emocional. De ser la chica rebelde que hacía las cosas a mi manera. Mientras vivía en Panamá y al reencontrarme con mi gran amigo, se despertó de nuevo en mí el sentimiento por dejarme guiar hacia lo espiritual. Pasé por momentos tan duros a nivel personal en ese lugar, como caer de nuevo en situaciones de escasez y el verme sumergida en ataques depresivos hasta un intento de suicidio, que sentía que sólo Dios podía consolarme. Entendí que nadie más hubiese podido librarme de la muerte, como lo hizo su omnipotencia. Y, agradecida, quedé a la espera de recibir siempre más de su presencia.

Mentiría si digo que me mantuve conectada a la parte espiritual desde ese momento. Me daba cuenta de que seguía recurriendo a la oración y a las peticiones a Dios solo cuando me veía tocar fondo. Era algo de lo que no me sentía orgullosa, pero inconscientemente estaba siendo arrastrada de nuevo a ese lugar tan bajo en el que se me hacía urgente volver a escuchar su voz. De alguna manera, Dios me estaba llamando desde mucho tiempo atrás y no quería reconocerlo.

Ahora, viviendo en Estados Unidos y después de llevar una vida en la que desde el principio me sentía satisfecha por tener mejores ingresos y más tiempo libre del que estaba acostumbrada, conocí a una persona que aparte de brindarme su amistad y apoyo, tuvo un propósito claro en mi vida desde el primer momento. Su misión fue llevarme a una iglesia después de haber perdido la cuenta del tiempo que tenía sin congregarme. La experiencia del reencuentro con Dios fue maravillosa. Estar en casa y orar de vez en cuando me había servido para mantenerme en pie, sin embargo, sentir su presencia en mi vida de una manera tan poderosa, fue realmente inexplicable.

Esta vez acepté definitivamente que Dios me llamaba una vez más y me rendí. Fue un retiro espiritual el que cambió mi vida para siempre. *Una transformación interior ocurrió a través del perdón.* Aceptar y reconocer que Dios ya me perdonó por todos mis pecados pasados, presentes y futuros, me permitió tener una experiencia liberadora al perdonar a mis padres por todas las situaciones de mi niñez y a todas las personas que de alguna manera habían hecho algún daño a mi vida, aun cuando sabía que yo lo había permitido. Descubrí cosas que llevaba dentro que ni siquiera tenía idea de que me ataban o que pensé que ya las había superado. Me despojé de las cargas emocionales y psicológicas que traía desde mi infancia por la culpabilidad y la falta de arrepentimiento. Solté todas las limitaciones que por años me detuvieron y que yo me había impuesto de manera insana. Me perdoné por todas las veces que había desperdiciado mi tiempo en cosas que no honraban mi vida y que no agradaban a Dios. Recibí la bendición de comenzar de cero al ser bautizada, a través de morir y resucitar en Cristo, olvidando todo el dolor del pasado y aceptando que sólo Dios ha dado su vida por mí. No era yo quien debía morir por nada ni por nadie. *Entendiendo que su gracia siempre me respalda incluso cuando yo creo no merecerlo.*

Dejar a un lado todo lo mundano era un gran reto considerando la vida a la que había estado acostumbrada. *Había escuchado tantas veces la crítica de personas que sin conocer la palabra de Dios juzgan a otros por no entender la transformación que ocurre en sus vidas cuando conocen a Cristo.* La falta de conocimiento crea una barrera entre lo real y lo supuesto, impidiendo que por temor a ser señalados las personas eviten reconocer su necesidad de Dios. Sin embargo, no fue necesario que yo hiciera algo por eso. Dios ya me había elegido para cumplir un propósito. Lo que él hiciera conmigo para conseguirlo no dependía de mí. Así que, sin pensarlo una vez más, entregué mi vida por completo a Él. Tuve que aceptar que sin Jesús no soy nadie y que todo lo que tengo es porque a Él le place dármelo.

Lo más bonito de todo fue descubrir que no se trata de pertenecer a una religión ni del fanatismo, como muchas personas repiten a diario. Mis padres espirituales, los pastores de la iglesia que a partir de ese momento se convirtió en mi casa, me enseñaron a conocer a Dios de una manera real. Mi fe fue aumentando aun más con cada palabra escuchada en medio de la unción, en la que Dios me reveló lo real de sus promesas. Todo lo que alguna vez yo había sentido en soledad, ahora aparecía frente a mis ojos en la presencia del Espíritu Santo, al entrar en adoración al compás de la voz y el piano que la pastora tocaba, un coro celestial que me envolvía por completo en un ambiente de paz. Imposible describirlo. Mi mayor deseo es que todas las personas puedan sentirlo.

Dios es más que una figura o una imagen en venta. *Es el creador del universo y creo en su existencia más allá de la muerte.* El saber que no hay nada que pueda hacer para agradarle me hizo aceptar que ninguno de los sucesos que había atravesado quería matarme. *Solo me preparaba para entender que Dios es capaz de transformar cualquier situación.* Entendí que detrás de cada lección había un propósito. *Comprendí que el plan de Dios para mi vida es que yo sea bendecida de tal manera que sea una bendición para otros.* Y eso solo podía lograrlo a través de las experiencias, de todo aquello que puso a prueba mi fe y mis capacidades. Todo eso forjó mi carácter.

Sabía que mi vida a partir de ese momento debía ser un reflejo de Dios en mí. Deseaba que cada persona que tuviese cerca sintiera su presencia con solo mirarme. Que mi conducta y mis actitudes fuesen un reflejo de mi convicción. Que de mi boca solo salieran palabras de verdad. *Sabía que el éxito de mi vida pública era el resultado de mi vida espiritual en privado.* Por eso tenía que cuidar mi templo más sagrado. Mi ser, mi espíritu y mi alma. Internamente, algo me fue preparando para la llegada de la unción a mi vida, agradeciendo a Dios por darme el discernimiento para aceptarlo y por la revelación del servir para Él, colocándome dentro de la iglesia en el ministerio de medios, en el que dirijo una de las cámaras a través de las que se transmite el mensaje para todas las personas que por cualquier motivo no pueden llegar a la iglesia, e incluso más allá, aquellas que están a nivel mundial. Esto era algo para lo que Dios ya me había preparado sin saberlo. Me puso en un lugar en el que puedo ser los ojos de alguien más, en el que nuevamente puedo ver mas allá de lo visible y en donde mi compromiso ha crecido a través de estos últimos años. Después de sentir una gran revelación a nivel espiritual, apareció mi cuarto y último tatuaje hasta ahora, un ancla con la palabra FE en mi tobillo izquierdo, que representa que cada paso que doy va dirigido por la convicción de creer en lo que aún no puedo ver.

MILAGRO

Al reconocerme como hija de un Rey, me recordaba constantemente que merezco lo mejor en todos los sentidos, ¡y eso incluía un esposo! Durante toda mi vida tuve malas experiencias amorosas y desengaños que me llevaron a cometer errores por los cuales pagué un precio muy alto, como el quedar embarazada dentro de una relación casual con un hombre que me abandonó, el comprometerme con alguien que luego intentó matarme y el intento de suicidio por acumulación de sentimientos negativos, que incluían, además de otros motivos, el haber fallado una vez más en tratar de tener una relación sentimental real.

Vivir en una constante ansiedad por descubrir si un hombre me aceptaba y si estaba dispuesto a amarme, era una carrera contra el tiempo. Me permití tantas veces caer en la bajeza de mendigar un tipo de amor ficticio, de esos que sólo buscan aventuras de una noche con promesas irreales a futuro. Me sorprendí algunas otras esperando algo que nunca llegaba. Seguía creyendo en un buen hombre. Ansiaba siempre un cambio a pesar de que yo no cambiaba. El patrón de abandono se repetía una y otra vez. ¿Te ha pasado algo similar en medio de tus relaciones de pareja?

Llegó el momento de tomar una decisión. Tenía que arrancar el problema de raíz. Se hacía justo descubrir que más allá del maltrato psicológico que recibía en cada intento, algo dentro de mí me hacía culpable de mi desdicha. En ningún momento justifico el comportamiento de esos hombres que estuvieron conmigo, pero acepto que siempre tuve en mis manos el poder de cortar con ese juego de mentiras. Sin embargo, era más fácil victimizarme y seguir llenando espacios de vacíos emocionales con acompañantes de medio tiempo. Por no estar sola, por no respetarme, por no soltar.

En medio de la frustración de los momentos en los que me preguntaba «¿Por qué a mí?», perdí la cuenta de las veces que rogaba de rodillas a Dios por un buen hombre que permaneciera a mi lado. Un esposo elegido y enviado por él. Alguien que realmente valorara la mujer que soy, después de haberme reconocido primero. Después de tantas mudanzas de un país a otro y en uno de esos días en los que me da por quedarme en casa para reordenar mi vida, encontré un papel en el que había escrito con detalles todas las cualidades que deseaba encontrar en una pareja. Confiaba plenamente en que, si la *visualización* había funcionado de manera eficaz con mis regalos de navidad, mi viaje a París, el empleo del laboratorio en Panamá y otras cosas de mi día a día, también podría hacerlo con mi hombre ideal.

Había descrito su físico, su parte sentimental y por supuesto, su espíritu. Anhelaba un hombre alegre, en paz y con un propósito de vida claro. Que tuviera la intención de formar una familia conmigo y que tuviese la verdad como lema. Un compañero con quien adorar a Dios en intimidad. Un apoyo sincero para cada uno de mis días hasta la muerte. Un amor bonito, un amor real. Ese que me valorara como nadie más lo había hecho, que me demostrara sus sentimientos en cada ocasión y que se sintiera orgulloso de estar a mi lado como yo lo estaría de él. Soñaba con un mejor amigo, un mejor amante y un mejor esposo. Oraba con fe y con convicción por mi otra mitad.

Hasta ese momento, yo me había encargado de ser una mejor mujer. Entendía que debía ser coherente con lo que estaba pidiendo. *No podía esperar algo que yo no estaba dispuesta a dar*. Me preparaba cada día emocional, física y psicológicamente para recibir a mi pareja. Alineaba mi mente al momento de compartir mi vida con alguien y la manera en que anhelaba que todo marchara en nuestra convivencia. Imaginaba cada detalle y disfrutaba el sentimiento como si ya existiera. No lo veía desde la carencia de «necesitar» a una pareja para ser feliz, sino desde el merecimiento de complementar mi vida con alguien con quien pudiese permanecer, aunque en ese momento no lo viera.

La gente con frecuencia se extrañaba porque no tenía una pareja estable. Desde la perspectiva de los que me conocían de cerca, yo era «un buen partido». Ya había pasado los 30 años y aún no me había casado. Eso para mí no era algo determinante. Disfrutaba mi relación conmigo al máximo y no dependía de nadie. Confiaba en el plan de Dios para mi vida. Además, no apoyaba el cliché de que se me iba a «pasar el tren», como si estuviese escrito en algún lugar la edad correcta para hacer las cosas. Yo simplemente ignoraba sus comentarios. «¡Seré la tía millonaria de la familia, esa que vive recorriendo el mundo!», exclamaba entre risas cuando alguien decía algo en referencia al matrimonio y los hijos. Era una manera de crear un escudo de distracción para ellos y para mí, aunque en el fondo sabía que nadie más que yo anhelaba casarme y tener mi familia.

La mayoría de mis amigas ya tenían pareja e hijos. Unas se habían casado y otras no. Algunas eran madres solteras y tenían mi admiración por el hecho de imaginar que no es trabajo fácil criar sola a un hijo. Pensaba que, de no perder a mi bebé, también me hubiese tocado asumir esa responsabilidad. Y con ese recuerdo dentro de mí se hacía cada vez más fuerte la decisión de querer seguir la voluntad de Dios en cuanto al matrimonio. Casarme era lo correcto para no vivir en desobediencia. No quería seguir cometiendo los errores del pasado y repetir incansablemente la historia de estar con alguien sin compromiso. Y me hice una promesa: no volvería a estar con nadie más hasta que conociera al hombre correcto. ¿Y cómo sabría que era él? Porque el hecho de entregarle mi petición a Dios me daría el discernimiento para reconocerlo.

Había vivido ya 2 años en Estados Unidos entre varios lugares de residencia. Pasé de vivir con las personas con las que había estado al llegar al país, a vivir sola en una habitación en una casa compartida con otros venezolanos, en donde me sentía cómoda, pero con la necesidad de buscar un espacio más amplio. Además, había comenzado a trabajar en las noches en una tienda por departamentos reconocida, la cual quedaba a 1 hora de distancia de la casa donde vivía. Consideraba que la mejor opción era mudarme, tomando en cuenta que algo dentro de mí me insistía con la urgencia que se requiere para saltar de la cama un domingo por la mañana e ir por lo que quieres. Así que tomé mi celular medio dormida y al mirar la primera publicación del listado de alquileres en una de las redes sociales que frecuento, supe que había encontrado un buen sitio. Al ver unas cuantas fotos me di cuenta de que era una casa nueva ubicada a solo 5 minutos de distancia de mi lugar de trabajo. Eso me atrajo enseguida y, como siempre he sido de esas personas que creen en la *intuición*, sin pensarlo escribí para verlo. En ese momento, me refería al lugar, pero al llegar lo encontré a *él*.

Me abrió la puerta un joven alto, delgado y muy guapo. Su rostro reflejaba unos años menos que yo y sus rasgos denotaban la misma nacionalidad. Tenía una sonrisa perfecta y una mirada brillante. Su tono de voz me dejaba saber que tenía un temperamento calmado. Su actitud era la de un hombre responsable y ordenado. Así que, entrando a la casa, comenzamos a hablar mientras me explicaba con detalles las condiciones del alquiler y me mostró el lugar de manera muy amena. Conversamos por un par de horas acerca de sus intereses y los míos en cuanto al trabajo, al país y a lo que esperábamos el uno del otro si yo decidía mudarme allí, dejando claras las condiciones del contrato. Después de conocerme un poco, me comentó que veía en mí a una buena mujer y que era el tipo de persona que buscaba para compartir la casa, ya que él pasaba mucho tiempo fuera y esperaba que, aparte de mí, todos los que viviríamos allí tuviéramos sentido de pertenencia con lo que a él le costaba tanto mantener en buenas condiciones. Así que, después de haber aclarado las reglas básicas de convivencia, ambos aceptamos el acuerdo y al día siguiente, me mudé.

Desde el primer día en mi nueva habitación sentí que esa casa era el lugar indicado para mí en ese preciso momento de mi vida. Era un lugar amplio, moderno y con un ambiente de paz. El vecindario en donde estaba ubicada tenía áreas verdes y lagos por los cuales se podía salir a dar un paseo. En cuanto a la casa, todo estaba perfectamente planificado. Aparte de mí, vivían 3 personas en las habitaciones restantes, más el chico que tenía su habitación principal. Siempre estaba todo limpio y ordenado. Definitivamente era el mejor lugar para estar. Era la primera vez desde que llegué a Estados Unidos que tenía ese sentimiento de pertenecer. Sentía que definitivamente ese era mi *hogar*.

En esa época, sentí que mi vida cambiaba cada día para mejor. Después de las experiencias en mis empleos anteriores de construcción y el de transporte de pacientes, había decidido dedicarme al trabajo en la tienda solo por las noches para tener el día libre. Me mantenía durmiendo lo suficiente al llegar de mi turno, seguía con mi hábito de hacer ejercicio y aprovechaba el día para hacer actividades personales o de la iglesia. Había alcanzado de nuevo esa calma que perdí en medio de las tormentas y que disfrutaba tener. El propósito por el cual había venido a este país se cumplía poco a poco: *tener la libertad de volver a ser yo de manera auténtica.* Estaba haciendo nuevamente lo que quería, como quería y cuando quería. Me había prometido no volver a caer en las trampas de los patrones repetitivos de escasez y malas relaciones sentimentales. Además, vivía tranquila y sin preocupaciones, porque elegía cada día respirar profundo antes de tomar una decisión apresurada, considerando siempre la opción que me hiciera sentir en *paz por encima de cualquier cosa.* ¿Has sentido alguna vez que has llegado a ese punto en tu vida?

En cuanto al joven encargado del lugar, nunca estaba en casa. Trabajaba día y noche con una fuerza de voluntad admirable para conseguir dinero. Estaba esclavizado en el trabajo, como muchas otras personas que había conocido desde que llegué al país y como yo también lo estuve en muchas ocasiones. Él se preocupaba por mantener la casa en las mejores condiciones, pero tenía poco tiempo para disfrutarla. En parte sentía pena por él, sabía con exactitud lo que pasaba. Y pensé una vez más que nadie merece vivir así, o mejor dicho sobrevivir, dedicando la vida a un empleo. Hasta que el deterioro físico y mental lo hizo cambiar de opinión y renunció al turno por las noches.

Pasados 3 meses de haberme mudado a esa casa, las conversaciones con el joven se hacían cada vez más frecuentes durante la tarde, cuando él regresaba del trabajo y yo me preparaba para irme al mío. Era agradable compartir con él, escuchando acerca de cualquier tema que se nos ocurriera hablar. Descubría su inteligencia y su conocimiento en diferentes temas, sobre todo aquello referente a la tecnología. Pasó de esa manera a convertirse en un gran apoyo para mí en un nuevo proyecto que emprendía. Se trataba de la oportunidad de incursionar en una compañía de servicios financieros, lo cual era un gran reto para mí, ya que nunca había trabajado en algo similar y siempre había tenido la limitación mental autoimpuesta de tener dificultad para las ventas y que, con el tiempo, descubrí que era solo un *paradigma.*

La posibilidad de experimentar algo nuevo nunca me ha detenido, y el hecho de generar ingresos superiores a los que había tenido hasta ese momento fue lo que me motivó a aceptar. Era lo que había perseguido toda mi vida, el recibir dinero por mis talentos y capacidades, no un pago equitativo por las horas en las que me encerraba en un lugar a cumplir las reglas de un jefe mientras se me iba la vida sin lograr mi propósito.

Fue entonces que el chico creyó en mí y me inspiró a hacer algo de lo que yo era capaz, pero que mi mente me decía que no era un buen momento para atreverme a comenzar de nuevo y en un trabajo de ventas sin tener ahorros suficientes. Me orientó según su experiencia, ya que en Venezuela él había trabajado durante años en una empresa del mismo rubro, afirmando que era su plan a futuro dentro de Estados Unidos, por lo que partir de ahí me acompañó en el proceso de capacitación y adaptación a mi nuevo oficio mientras él también adquiría conocimientos.

Empecé desde cero y sin ningún antecedente en la carrera de ventas y asesoría financiera, que me abrió las puertas a nuevas posibilidades a nivel profesional. Decidí dejar mi empleo en la tienda para dedicarme de lleno y con enfoque a esta nueva aventura en la que los primeros meses fueron un sube y baja de emociones por no tener un ingreso estable como al que estaba mal acostumbrada. Pero analizando más a fondo, entendí que no había diferencia entre tener un empleo por horas o generar ingresos por comisiones, ya que de cualquier forma si dejaba de trabajar un día en cualquiera de los dos escenarios, no recibiría pago alguno. Así que cualquier voz interna que intentara distraerme, la callé inmediatamente. Yo me encargaría de hacer que funcionara. Además, se trataba de un empleo que me permitía lo que tanto anhelaba: disponer de mi tiempo y tener estabilidad económica, a través del servicio y el bienestar de otros. Una vez más y finalmente, tenía todo lo que había deseado en un solo lugar, ya que estaba generando ingresos al orientar a las personas en la protección de sus familias, tanto a nivel de salud como en la planificación de sus finanzas. Y lo mejor de todo, a través del trabajo en equipo y con la intención de ayudar a más personas a lograr su libertad, me hago consciente cada día más de que si hay algo que me beneficia, me ayuda a crecer y desarrollarme en todos los aspectos de mi vida: personal, emocional, espiritual y económico, sin duda debo compartirlo.

Durante ese tiempo, en el que vivía nuevas experiencias a nivel laboral y personal, la atracción entre el chico y yo se hacía notable, a pesar de que ninguno de los dos quería aceptarlo. Mi postura ante la situación era defensiva debido a la promesa que me había hecho de no estar con nadie más sin sentirme completamente segura de que era la persona indicada. No quería romperla, así que observaba con cautela cada detalle para evitar ilusionarme una vez más. Mientras tanto, seguíamos viviendo cada día bajo el mismo techo haciéndose inevitable coincidir. De un momento a otro nos descubrimos compartiendo la cena cada noche y el desayuno de los fines de semana. Nos divertíamos al ver juntos una que otra película mientras yo conocía su pasión por el cine. El coqueteo nos hacía sonrojar de una manera discreta, íbamos descubriendo cosas en común y creando nuevas entre ambos. Y así, por las noches, cada uno iba a su habitación con la ilusión de vernos al día siguiente.

Él estaba solo en el país, a diferencia de mí, que tengo a mis hermanos. Sin embargo, tuve la oportunidad de conocer a sus padres, quienes viajaron desde Venezuela para quedarse por unos días. Desde el primer instante me di cuenta de que son buenas personas: educados, respetuosos y muy familiares, por lo que enseguida entendí de dónde provenían las conductas y costumbres de él. Su padre y su madre siguen casados y él es el segundo de tres hermanos varones. Su mamá es una mujer dulce y abnegada, entregada por completo al cuidado de su esposo y de sus hijos, a pesar de que ya todos son adultos. Su papá, un hombre con una personalidad que demuestra autoridad a primera vista, independiente y libre financieramente, gracias al éxito que tuvo durante muchos años en la industria de seguros en Venezuela. Esa mezcla de actitudes en sus padres me hizo entender la personalidad que descubría en el joven durante cada conversación que teníamos, lo que me inspiró a indagar y querer conocerlo cada vez más.

No mucho tiempo después de compartir con ellos y de que sus padres regresaran a nuestro país natal, se dio la oportunidad de presentarle a mi familia. Ese día habíamos salido juntos a compartir una cena. Al terminar, lo invité a acompañarme a una reunión familiar en la que se encontraban mis tres hermanos, sus esposas y sus hijos. Estuvimos un buen rato disfrutando del momento y de la compañía, mientras conversábamos acerca de diferentes temas.

Ambos nos sentíamos a gusto al observar el comportamiento del otro en cada situación.

Al caer la noche, llegó el momento de volver a casa. Ambos entramos al carro con la sensación de haber llegado un poco más lejos de lo que esperábamos. El dar el paso de conocer a nuestras familias era significativo considerando que para el momento éramos solo un par de extraños con una atracción en común. ¿Qué nos había hecho llegar hasta ahí? Antes de ese día nunca habíamos hablado de lo que sentíamos el uno por el otro. Personalmente, no presento a mi familia a cualquier persona y, por lo que pude notar, él tampoco lo hacía. Por lo que tuve que aceptar que entre nosotros se estaba formando un sentimiento de por medio más allá de una bonita amistad.

Mientras me ajustaba el cinturón de seguridad me detuve a pensar que necesitaba hacer algo para evitar que lo que estaba pasando entre nosotros se convirtiera en una historia más para tirar al olvido. Me gustaba, estaba segura. Le gustaba, era evidente. Lo que no sabía con certeza era la intención que había en medio de todo. Consideraba la diferencia de edad, no porque fuese una limitante para estar juntos, sino por el hecho de que con todas mis experiencias no quería convertirme en un impedimento para que él viviera las propias que aún le faltaba por cumplir en los años venideros. Estaba consciente de que antes de los 30 las decisiones que tomamos son más emocionales que racionales en la mayoría de los casos, por lo cual quería asegurarme de dejar todo claro antes de continuar con algo incierto.

De los fracasos en mis relaciones anteriores, había aprendido que nunca me detuve a conocer a las personas con las que estuve, así como sé que ellos tampoco me conocieron a mí. Por lo cual todo lo que surgía dentro del tiempo que estuve con ellos se basó en una comunicación poco efectiva que generaba malentendidos que muchas veces estaban respaldados por suposiciones. Entendí que, si nos dedicamos a «asumir» que todo está bien, pero no disponemos del tiempo para estar realmente seguros de que es así, el desencanto se hará presente de forma inevitable. El tiempo para relacionarte con una persona es relativo. No depende de los días que tengas conociéndola, sino de la capacidad de descubrir en ella eso que nadie más puede ver, esa conexión inmediata que permite descifrar sus secretos más íntimos aun cuando no se mencione ni una sola palabra. Una magia que envuelve a ambas personas en un espacio creado solo para ellos y que nadie más puede entender. Eso era lo que estaba sucediendo entre nosotros.

Entonces, decidí armarme de valor y respiré profundo. Debía afrontar el tema incómodo acerca de lo que estábamos evitando.

Lo miré mientras él empezó a conducir.

—¡Es obvio que nos gustamos! — le dije sin dudar y con el corazón palpitándome cada vez más rápido— ¿Qué esperas de todo esto? Sé que apenas nos conocemos, pero ambos sentimos más que amistad. No quiero confusiones en cuanto a eso —continué.

Él me miró con la precaución que se requiere mientras se está al volante, y se detuvo a la orilla de la vía aún dentro del vecindario donde vivía uno de mis hermanos. Se acomodó en el asiento y volteó su mirada hacia mí.

—¡Me gustas, Andre! Llevo mucho tiempo pensando en todo

lo que he compartido contigo y lo que he conocido de la mujer que eres —respondió seriamente.

Lo interrumpí al saber que cualquier cosa que dijera podría generar en mí una ilusión y era lo que menos quería. Así que continué hablando. Le dije que yo estaba en una edad en la que quería estabilidad emocional. No me refería necesariamente a casarnos y tener hijos pronto, pero que, al final, ese era mi plan de vida y que a pesar de su sinceridad sentía que él no estaba preparado para eso. Le dije que entendía que estábamos en diferentes etapas y que, a él, ocho años menor que yo, aún le faltaban experiencias por vivir que hace mucho yo había superado. Su madurez era incluso mayor que la de muchos hombres contemporáneos con los que había estado antes, solo sabía que no debía condenarlo a una decisión tan personal. Después me quedé callada, esperando su respuesta.

—¡Yo he vivido lo que he decidido! —me dijo en medio de una risa nerviosa. Parecía que le causaba gracia la determinación con la que yo le hablaba. —No necesito «experimentar» nada más. Quiero algo serio contigo, es solo que no estaba seguro de si era conveniente decirlo tan pronto por no saber qué pensarías de mí o si tú sentías lo mismo —continuó.

Yo intentaba mantener mi posición escéptica escondiendo la sonrisa que se dibujaba dentro de mí al escuchar que sentíamos exactamente lo mismo. De inmediato, hizo una propuesta como quien lanza un dardo directo al centro del tablero.

—¡Seamos novios! —exclamó en tono afirmativo.

A lo cual, sin dejarme impresionar, le pregunté al menos unas tres veces si estaba seguro de que eso era lo que quería conmigo, recordando nuevamente mis razones de insistencia en su sinceridad. No quería de nuevo ser parte de una colección de noches casuales. Aclarándole que, si pensaba comenzar una relación conmigo solo para estar juntos sexualmente, no perdiera su tiempo.

Finalmente, y después de dejar todo bien establecido desde ese momento en el que solo faltó firmar un contrato, entre risas, acepté comenzar una relación de noviazgo como una adolescente.

En el camino de regreso a casa, no paramos de reír hablando de cómo se estaban dando las cosas entre nosotros. A pesar de que habíamos pasado tan poco tiempo juntos –apenas unos 3 meses de habernos visto por primera vez aquel día que fui a ver la habitación para rentar– era como si nos conociéramos de siempre. Sin lugar a dudas, cada cosa que nos conectaba a diario de alguna manera nos daba la certeza de que había un propósito entre nosotros.

Nuestra convivencia mejoraba notablemente cada día, compartiendo incluso el hacer cosas que antes cada uno hacía por separado, como ir al supermercado, preparar la comida para ambos, hacer planes para divertirnos o simplemente disfrutar de estar en casa, pero ahora en compañía. Él seguía con su empleo por el día mientras yo me dedicaba por completo a la asesoría de servicios financieros en una agencia de seguros.

A finales del mes de mayo se acercaba su cumpleaños y el mío, que es la primera semana de junio, por lo que me sorprendió regalándonos un viaje como celebración. Como siempre, la emoción de una nueva aventura se dejaba ver con la expresión de felicidad incontenible en mi rostro. Era el regalo más perfecto que alguien podía darme y su compañía sin duda era la cereza del pastel. Así que volamos a New York. Era uno de esos lugares de los que tenía una foto en mi lista de deseos por cumplir. Lo que no imaginaba era que esos días juntos y lejos de todo serían tan determinantes para nuestra relación.

Entre caminar por la ciudad, conocer los sitios turísticos y disfrutar de las hermosas vistas desde los edificios más altos, se nos pasaron cuatro días juntos como una experiencia maravillosa. *Siempre he creído que, si quieres conocer bien a una persona, debes viajar con ella.* Es una especie de convivencia temporal en donde descubres mañas y costumbres, aquello que le gusta y eso que no tanto y en donde mides la paciencia y la reacción ante cualquier situación inesperada. Para nosotros fue una prueba superada, incluso el hecho de dormir juntos sin tocarnos. Para un chico tan joven que no entendía el por qué fue un gran reto. Sin embargo, eso me demostraba que lo que quería iba más allá de un simple pasatiempo.

Quizá para ese momento se preguntaba sin decírmelo: «¿Por qué esa decisión tan radical?», para lo cual la respuesta es que había decidido conscientemente romper con un patrón emocional que me había llevado al fracaso y a la desobediencia de la palabra de Dios. Quería ahora y con él, vivir y comprobar que una relación no tiene que estar basada solo en la atracción sexual sin fundamentos de amor y respeto por encima de cualquier cosa. Estaba cansada de permitirme y de permitir a otros ser usada como un «objeto» desechable. Quería experimentar algo realmente profundo y verdadero. Un amor real establecido sobre la comunicación y la valoración, en la que la intimidad se disfrutara como una parte sublime de nuestra conexión, después de haber decidido comprometernos el uno con el otro.

COMPLEMENTO PERFECTO

Al regresar de New York, nuestra relación era el reflejo de lo que yo había escrito alguna vez en aquel papel en el que describía a mi pareja ideal. Él tiene lo que yo anhelaba en un hombre en todos los sentidos. Nuestra comunicación es magnífica, tanto que a veces no es necesario hablar para entendernos. Es como si cada uno fuese una pieza del rompecabezas del otro. Estar con él me hace sentir en casa, definitivamente sus brazos se convirtieron en mi mejor lugar para estar. Nos dimos cuenta de que estábamos enamorados como un par de colegiales. La sensación más bonita y pura que alguien pueda sentir por otra persona yo la estaba viviendo en ese momento, después de incluso haber sentido muchas veces que ya no merecía un amor así. Mientras él iba conociendo mi historia, yo sentía su admiración por las cosas que le contaba, algo que ningún otro hombre me había demostrado jamás. En poco tiempo se había convertido en mi guardián. Me respetaba de manera absoluta, me valoraba, me defendía a capa y espada delante de cualquier persona que intentara atacarme *sin conocerme*. Aquellas que asumían que de alguna manera yo tenía un interés económico en estar con él –debido a que su familia tenía propiedades en EE. UU. –basándose solo en la diferencia de edad y en el poco tiempo que llevábamos estando juntos. Eso era algo que se escapaba completamente de la realidad. Lo que ellos no entendían era que más allá de lo que ellos podían observar desde su perspectiva, algo muy grande e inexplicable ya se había formado dentro de nosotros.

Lo único en lo que éramos completamente diferentes era que él no creía en Dios. Tenía sus teorías acerca de la creación arraigadas en la ciencia, pero no en un ser sobrenatural. Mucha gente radical pensaba que siendo yo creyente debía relacionarme con personas con un pensamiento similar. Pero entendía, según lo que me contaba, que desde su experiencia nunca había estado en contacto con algo que lo conectara con la espiritualidad. Por lo tanto, yo no era quien para juzgarlo y mucho menos después de haber vivido de la manera en que lo hice antes de decidir congregarme. *No me había vuelto «santa», pero sí más sabia.* Por eso, entendiendo que no dependía de mí y que no era yo quien iba a cambiarlo, oraba para que fuese Dios quien me guiara a tomar las decisiones correctas. Puse en sus manos todo aquello que surgiera entre el chico y yo, pidiendo incluso que, si él no era para mí, lo alejara. Sin embargo, a través de mis peticiones y de manera subliminal, ya Dios me estaba usando para obrar en él.

Habían pasado ya 2 años desde el primer día que asistí a la iglesia y seguía yendo constantemente. Las personas que me rodeaban lo consideraban fanatismo o religiosidad sin tener el conocimiento ni la experiencia que se vive cuando Dios transforma tu vida. Había encontrado en ese lugar un entorno cargado de amor, paz y palabras llenas de sabiduría. Un sitio lleno de gente rota que no iba a darse «golpes de pecho», sino a agradecer la presencia de Dios y el Espíritu Santo en sus vidas. Esos con quienes, sin ser familia de sangre, sentía un gran vínculo que nos unía. Me encantaba pasar gran parte de mi tiempo allá mientras estaba fuera del trabajo y eso era algo que este chico observaba con atención cada día que me veía salir y preguntaba a dónde iba.

Cierto día, él decidió acompañarme voluntariamente, como deben hacerse todas las cosas que son para Dios. Al llegar a la iglesia, observó todo a detalle y notó cómo las personas se acercaron a saludarnos de manera muy afectiva, lo cual le sorprendió un poco al mismo tiempo que parecía haberle incomodado. Normalmente, no estamos acostumbrados a que alguien desconocido nos reciba en un lugar con una sonrisa y con demostraciones de afecto. Por lo que después decidió relajarse y disfrutar de lo que sentía más allá de cualquier otra cosa que pudiese distraerlo. A partir de ese día decidió acompañarme siempre y poco a poco, de manera muy sutil, mientras aprendía acerca de los verdaderos principios que rigen la creación. Reconoció que necesitaba de la presencia de Dios, así como yo lo había hecho también alguna vez.

Fue un proceso de aprendizaje en su vida que lo conectó aún más con la mía. Fue descubriendo *el poder de la palabra de Dios*. Fue entendiendo el significado de *sentir al Espíritu Santo*. Aprendió a orar y conectarse con él. Su espíritu se había transformado y finalmente aceptó a Jesús como su señor y salvador. Desde ese momento, la bendición en nuestras vidas aumentó de manera inexplicable. Orar juntos cada noche se convirtió en nuestra promesa eterna y desde allí entendió el significado del pacto matrimonial, el cual se hizo real en nuestras vidas.

En medio de tantas cosas que estábamos aprendiendo juntos nuestras experiencias espirituales se hacían cada vez más intensas. Entre conversaciones, ambos tomamos la decisión de que debíamos comprometernos a otro nivel. Conocíamos lo necesario de cada uno para comenzar a establecer una vida juntos en todos los sentidos. Nuestra convivencia era efectiva y nuestro sentimiento seguía creciendo. Así que seis meses después de conocernos, incluidos casi tres meses de noviazgo, decidimos contraer matrimonio. Muchos nos tomaron por locos, siendo la mayor objeción el tiempo que llevábamos juntos, lo cual no fue impedimento para nosotros. Pues estábamos seguros de lo que hacíamos. Ambos habíamos tomado una decisión consciente.

Más que una propuesta, fue un acuerdo mutuo. No existió un anillo ni un símbolo que demostrara el compromiso, fue su palabra de hombre lo que marcó un antes y un después en nuestra relación. En un principio quisimos planificar todo conforme a lo socialmente esperado. Pensamos en una celebración y en la felicidad de nuestras familias de compartir ese momento especial con nosotros. La emoción nos hacía querer decidir la fecha perfecta. Sin embargo, Dios tenía un mejor plan para nosotros.

Fin de semana de día festivo en Estados Unidos por ser el día de la Independencia. Ambos libres de trabajo y con muchas ganas de cumplir nuestro sueño, nos despertamos ese viernes con la convicción en nuestro corazón de que era el día que Dios había elegido para unirnos en matrimonio. Sin avisar, sin invitados, sin celebración, fuimos a la corte ¡y nos casamos! Eso era realmente lo que importaba para nosotros. Cambiamos la idea de gastar dinero en una fiesta por invertirlo en pasar tiempo juntos. Entendimos que la opinión de los demás eran respuestas basadas en sus malas experiencias, así que no prestamos atención. Casándonos un par de meses después por la iglesia y de la misma manera, en donde solo estuvieron presentes los pastores, los padrinos y nuestro padre celestial que nos dio su bendición, algo que nadie sabía hasta este momento. Siendo personas adultas, aceptamos que somos responsables de lo que elegimos para nuestras vidas, y este caso no era la excepción.

Ser esposos no cambia en nada quienes somos como personas. Solo complementa una parte de cada uno. A partir del momento en que establecimos la promesa de permanecer juntos hasta que la muerte nos separe, algo dentro de nosotros hizo una transición. Ya no se trataba de velar por intereses individuales, sino por hacer de nuestra unión el mejor equipo. El egoísmo quedó a un lado procurando siempre lo mejor para el bien común en todos los casos. Juntos descubrimos que sí existe el amor puro y real más allá del interés o del sexo. Personalmente comprobé que el mal sabor de mis fallas anteriores se aliviaba con cada día en el que estar juntos surge de manera natural y no impuesta para cumplir las expectativas de un momento de lujuria pasajero y sin futuro. Ambos nos dedicamos a conocernos en ese sentido, descubriendo las zonas placenteras de cada uno y aquellas cosas que preferíamos evitar. Entendiendo, además, que *la intimidad no se refiere solo al acto sexual sino a la oportunidad de descubrirnos a nosotros mismos de una manera que nadie más conoce.* Ahora puedo sentirme segura de que mis fantasmas del pasado están en paz.

Después de tantos intentos fallidos en el amor, entendí que la persona que Dios eligió para cada uno está destinada a encontrarnos en cualquier parte del camino. No a nuestro tiempo. No a nuestro antojo. Siempre aparecerá de la manera más extraña posible. Pero nos sorprenderá cuando estemos preparados para recibirla. Cuando todos nuestros sentidos estén alineados a aceptarla como parte de nuestras vidas. *Cuando estemos dispuesto a saber que nuestra felicidad no depende de que esa persona esté, sino que se complementa con su compañía.* Cuando tu conciencia te repita constantemente que ha llegado el momento de establecerse, que has encontrado la persona que llena todas las expectativas a futuro y que está dispuesto a construir una nueva realidad contigo en la que cada uno sea un complemento del otro, no la mitad –porque, si no, viviríamos incompletos–. Cuando entiendas que tu vida será un equilibrio entre los sueños de ambos y estén dispuestos a trabajar de la mano por ellos. Cuando estés atento a las señales y no te distraigas por cualquiera que llegue a conquistarte.

Saberme casada con un hombre que cumple todas las características que había descrito, fue como soplar las velas de cumpleaños teniendo el deseo al frente. Ha sido, sin dudar, el vuelo más emocionante que he tomado hacia un destino de esos que creemos conocer a la perfección, pero en el que cada recorrido me hace descubrir rincones que desafían mi pasión por los viajes. Se convirtió cada día en una nueva manera de conocerme para conocerlo, en un laberinto en el que al final de cualquier camino quiero encontrarme con él, en la realidad de cada sueño que he tenido a lo largo de mis días. Es la recompensa más bonita a la espera interminable que viví por tanto tiempo. Es la luz de esperanza que ilumina mis deseos a futuro. Es mi motivo para enamorarme cada día.

Con frecuencia escuchaba que el matrimonio es una montaña rusa con sus altos y bajos. A pesar de la experiencia de divorcio que vi en mis padres, siempre he creído en que las parejas pueden durar para siempre, tal como lo hicieron mis abuelos. Aun cuando yo no puedo estar segura que será nuestro caso, estoy dispuesta a hacer todo lo posible para que suceda. He descubierto que las relaciones dependen absolutamente de las personas que las conforman y de los intereses de cada uno y en común. *¿Cuánto estoy dispuesta a entregar por permanecer al lado de la persona que amo?* Es la pregunta que me hago cada día al despertar. Y siempre respondo: «¡Todo!»

Desde el momento en que acepté casarme, también acepté todo lo que eso implica. Y cuando hablo de entregar no me refiero a dejar de ser quien soy para complacerlo. Al contrario, hablo de mejorarme cada día como mujer y como persona para completarlo a él. Para ser su respaldo en todo. Para representarlo, así como él lo hace conmigo. *Mi imagen es un reflejo del estado mental que tengo dentro de mi relación de pareja.* No solo por lo que él me demuestra, sino por lo que *yo elijo sentir.* Entendí que cualquier situación incómoda puede evitarse manteniendo una buena comunicación cada día y no ignorando las cosas ni dejándolas pasar. La acumulación de sentimientos opuestos al amor y al respeto generan cicatrices que con el tiempo dañan la relación. No hay necesidad de llegar hasta el final. Nuestra regla siempre ha sido *no irnos a dormir sin antes aclarar cualquier malentendido,* así sabremos que al día siguiente eso habrá quedado en el pasado.

Nos ayudamos mutuamente en todo. Entendemos que un hogar está conformado por dos personas en las que ambas deben sembrar su semilla para que de frutos. Si solo uno de los dos es el que hace, inevitablemente se sentirá cansado expresándolo, en muchas ocasiones, de la peor manera. Disfrutamos cada día de los pequeños detalles: una taza de café en la mañana, flores sin necesidad de una fecha especial, un abrazo al descuido. Y, sobre todo, respetamos nuestro espacio. Ninguno de los dos llegó a ser invasor. Por lo tanto, la confianza permite que cada uno decida lo que quiere hacer y cómo hacerlo mientras no afecte al otro de ninguna manera. *Al final, el amor es ser mejor con alguien, no su propiedad.*

Regularmente pasamos juntos la mayor parte de nuestro tiempo. Unos meses después de casarnos, él decidió dejar el empleo en construcción y empezó a trabajar conmigo como asesor financiero. Actualmente y en menos de 2 años, hemos logrado crear la libertad de tiempo y la estabilidad económica deseada para compartirla. Estar juntos 24/7 nos enseñó a establecer hábitos en conjunto y sentirnos afortunados y agradecidos de poder disfrutar de cada día y de cada cosa que hacemos. Sin embargo, aceptamos que *siempre podemos elegir estar a solas si así lo queremos, respetando el espacio personal de cada uno.* Descubrimos que lo más importante entre nosotros es respetar los pensamientos y la forma individual de ver la vida, aun cuando la mayoría de las veces estamos enseñándonos el uno al otro. La base de una relación no radica en que ambos estén de acuerdo en todo, sino en que cada uno sepa valorar la opinión del otro y juntos llegar a un acuerdo que los beneficie en lo que quieren lograr. Sin juzgar, sin criticar, sin señalar.

Entre nosotros no están permitidas las malas palabras ni los juegos de mano. No son aceptables las mentiras ni las malas caras. *Somos los únicos responsables de que esto funcione. Somos nuestra mayor inversión. Así que el tiempo que dediquemos en hacer las cosas cada vez mejor, ya es ganancia.* Ninguno tiene la visión de perder el tiempo, por eso cada día lo vemos como un nuevo reto y siempre estamos en constante aprendizaje.

Para este momento puedo decir que él ha sido la mejor decisión que he tomado en mi vida. Tenemos una familia bonita en la que *somos Dios, él y yo.* Tenemos nuestro propio mundo en el que nos aceptamos incluso en nuestros peores momentos. Entendemos que no podemos rendirnos por un mal día. Sabemos que todo lo que nos disgusta es consecuencia de una mala decisión y podemos mejorarlo. Todo depende de cada uno. Todo depende de los dos.

Mi esposo ha sido un pilar fundamental en mi vida en todo este tiempo, así como sé que también lo he sido para él. Hemos aprendido a valorar lo que podemos aportar cada día para ser mejores. Admiramos y realzamos las cualidades del otro y apoyamos el desarrollo de los dones y talentos. Permitimos la expresión pura y natural de nuestro ser. Entendiendo que *mientras más libres somos, más felices estamos.*

Es sorprendente ver cómo el mundo está plagado de mensajes subliminales acerca de infidelidad y engaños. Es increíble que, en cada mensaje publicitario, cada canción y en las redes sociales se oriente libremente a la existencia de terceras personas dentro de las relaciones amorosas. Incluso se hace insólito ver como esto es aceptado como «normal» dentro de una sociedad que lo comparte. Los matrimonios «pasaron de moda» y pocas personas se dedican al enamoramiento. Algunos otros pierden su identidad al querer encajar en las exigencias de su pareja, olvidando que de cualquier cosa que sucede a nuestro alrededor, siempre tendremos la mitad de la culpa. Inclusive si las cosas salen bien y de la manera esperada. Pregúntate entonces: ¿estás satisfecho con lo que das y recibes en tu relación de pareja?

A mi esposo le digo:

En el momento en el que por alguna razón nos sintamos desanimados, simplemente recuérdanos de la manera en que somos felices. Recuerda nuestras sonrisas y también esas lágrimas que nos han hecho crecer fortaleciéndonos en los momentos difíciles. Que no hay respuesta más bonita ante un malentendido que una palabra para sanar. Que siempre tenemos en nuestras manos la oportunidad de cambiar lo que nos disgusta. Y que, por encima de cualquier cosa, el PERDÓN debe ser nuestro lema.

A ti te doy GRACIAS por enseñarme un amor tan sublime, tan real. Gracias por permitirte amarme cada día que hemos permanecido juntos y por dedicarte a admirar y valorar cada detalle de mi existencia. Gracias por ser mi apoyo incondicional. La mejor compañía en mi soledad. Gracias por exaltar la presencia de Dios en nuestras vidas.

Porque a tu lado soy mejor mujer y mejor persona.

Te honro. Te bendigo. Te amo.

DESCUBRIENDO TUS SILENCIOS

1. ¿Sientes que te conoces realmente? O lo que eres está determinado por lo que otros piensan de ti

2. ¿Qué significan tus silencios?

3. ¿En qué crees y de qué manera la fe te ayuda a mantenerte en pie?

4. ¿Cuál ha sido el milagro más grande en tu vida?

5. ¿Qué estás dispuesto a hacer por encontrar la paz en tu corazón?

6. ¿Te sientes pleno a nivel sentimental y de pareja? Si la respuesta es no, ¿qué mejorarías en ti para fortalecer la relación?

CAPÍTULO 6
MÁS ALLÁ DE LO QUE VES

No te lo digo para que cambies,
te lo digo para que crezcas.

Cuando empecé a conocer al que ahora es mi esposo, tomé la decisión de dejar a un lado esa imagen que traía de querer siempre complacer a los demás por encima de mis deseos. Me propuse liberarme de los patrones que había utilizado por tanto tiempo y que claramente no funcionaron. Esta vez me dije que era hora de mostrarme tal cual soy en todos los sentidos. De desnudar mi alma frente a la persona que Dios había puesto en mi corazón para amar. Pensaba que si él estaba dispuesto a pasar el resto de su vida conmigo tenía que conocer cada detalle de mí. Incluso mi lado oscuro, la parte no tan buena de mi vida, eso que no quise contar a nadie. Así podría saber que *no se trataba de estar con una mujer perfecta, sino con una mujer de verdad.*

En medio de ese proceso, tuve que reencontrarme conmigo de manera determinada. Acepté que no quería pasar toda mi vida fingiendo frente a alguien que compartiría a mi lado cada día. El conocernos viviendo en la misma casa me hizo todo más fácil en cierto sentido. Él había visto mis peores fachas en pijama y recién levantada los fines de semana. Así que lo natural de mi esencia era

167

evidente. En cuanto a mis actos y mis palabras, simplemente me expresé libremente sin pensar si le agradaba o no. Para hacerlo más real me propuse comportarme como si estuviera sola. Al momento de hacer algo pensaba: «Si él no estuviese aquí, ¿cómo lo haría?», así que no me limité en absolutamente nada de lo que ya practicaba. No hacía nada para sorprenderlo. Después de todo, descubrí que eso fue lo que más le gustó de mí. Admiraba la manera sutil en la que me expresaba sin esperar su aceptación o elogio. Reconocía que yo era feliz por mí y para mí. *Que vivía con poco y a la vez con tanto, que lo contagiaba de gratitud.* Y que mi carácter llegó a un punto de equilibrio cuando me permití expresarme libremente y sin prejuicios.

Culturalmente, hemos estado acostumbrados a enfocarnos en la apariencia de las personas. He escuchado tantas veces a la gente decir que tenemos solo una oportunidad para causar una buena impresión. Personalmente, no estoy de acuerdo con eso. No todos los días nos sentimos de la misma manera. No siempre estamos dispuestos a dar lo mejor de nosotros y es aceptable. Hay situaciones inesperadas que se atraviesan cada día en las que reaccionamos alterando nuestros sentidos. Pueden suceder incluso antes de ir a un lugar importante o conocer a alguien. Y eso no determina lo que una persona es o deja de ser.

A menudo, en las conversaciones con las personas que me rodean, se me hace insólito ver cómo el mundo gira en torno al «qué dirán». Pero más allá de eso, *¿te has preguntado qué hay detrás de cada quién?* Todos llevamos un mundo dentro cargado de diferentes situaciones y realidades. Sin embargo, la gente camina por inercia hacia un futuro lleno de cambios constantes en el que lo que somos está determinado por cómo nos vemos, o peor aún, por lo que tenemos. Ya a nadie le interesa saber qué piensa o siente el otro. Tampoco importa cómo vive y qué superó para llegar donde está. Se ha perdido la sencillez, la sensibilidad. Los valores han disminuido dentro de los hogares, por lo que en las calles se observa un reflejo simple de lo que enseñan en casa. No hay empatía. No hay respeto por las diferentes opiniones. La gente es juzgada con frecuencia por un pasado lleno de errores que con el tiempo decidió enmendar y cambiar. Cada uno de nosotros carga una etiqueta en la frente con culpas arrastradas. *Nadie se mira en su espejo antes de señalar, o peor aún, lo hacen desde sus propias deficiencias.* Cada uno defiende su interés y el beneficio que puede obtener de otros, siempre con la malicia de hacer las cosas para lograr una ganancia.

Yo me considero la excepción a lo común. En este punto de mi vida, cada experiencia me ha enseñado lo necesario para reconocer que nada externo define mi realidad. Me sorprende saber que hay gente que, sin conocer a otros, concibe el derecho de opinar sobre lo que deben hacer, sobre lo que deben vestir e, incluso, sobre lo que deben decir. No estoy dentro del molde predeterminado de la civilización actual que intenta determinar quién es exitoso o feliz según lo que publica en sus redes sociales. Mi razón interior no puede ser expresada de esa manera. Nadie que no esté en el mismo nivel de consciencia que yo la entendería. Mis imágenes reflejan sólo una pequeña parte de lo que los demás se atreven a descubrir.

NO DIGAS QUE ME CONOCES

Esa costumbre de creer que sabemos quién es otra persona cuando nos desconocemos por completo a nosotros mismos. Esa idea de pensar que tenemos derecho a opinar sobre la vida de otros cuando no tenemos idea de qué hacer con la nuestra. Esa creencia de que, si alguien se ha relacionado contigo por años o simplemente han compartido algún tiempo, siente la certeza de asumir que ya sabe todo de ti. ¡Falso! Nadie tiene idea de lo que cada uno lleva dentro. Nadie sabe realmente cada detalle, cada secreto. Nadie conoce cada razón por la que actuamos de cierta manera. Nadie imagina nuestros porqués.

Me causa gracia cuando alguien se toma el atrevimiento de opinar sobre mi vida. *¡No digas que me conoces, si solo sabes mi nombre!* No permito que nadie que no haya recorrido el camino conmigo hable acerca de quién soy. Ni siquiera mi familia lo sabe. Incluso, muchas veces, yo lo pierdo de vista.

He vivido tantas cosas en tan pocos años. He recorrido mucho más de lo que se puede percibir. Parte de mi camino está escrito en cada una de esas personas con las que he compartido de algún modo; en esos aeropuertos en los que muchas veces me tocó descansar en el piso o en una silla, soportando el frío; en cada avión que se convirtió en mi puerta de escape a muchas historias; en miles de lugares en donde dormí intentando descubrir a donde pertenezco; y en muchos días en los que aguanté hambre y ganas de llorar por la desesperación de no tener nada más. Y así me di cuenta de que todo lo que necesito para vivir cabe en una maleta. *No es mentalidad de escasez, se trata de saber establecer prioridades. Al final, nada de lo que tenemos lo llevaremos al morir.* El tiempo me hizo entender que *hogar* es cualquier lugar en el que sea feliz mi corazón; que teniéndome a mí podía ser anónima en medio de millones de personas, aunque me enseñó a tener amigos en cualquier parte del mundo. He caminado tantas calles que perdí la cuenta de los lugares que conocí a lo largo de mi travesía, en donde mi única brújula siempre fue Dios llevándome a sitios inimaginables. Soy el resultado de las experiencias que me han traído a donde estoy. Al final, descubrí que hay cosas que se extrañan, pero no necesariamente a las que se quiera volver. Momentos que se graban como un álbum de fotografía en el que, al recordarlos, puedo sentirlos de nuevo. La gente solo ve el exterior de alguien que por dentro lleva un mundo particular.

De lo que estoy segura es que nadie conoce de mí ni siquiera la mitad de lo que soy. ¿Por qué debería preocuparme entonces por saber qué piensan? No hago caso de comentarios vacíos ni difamaciones. No permito que asuman o supongan acerca de mí. No malgasto mi tiempo en conocer opiniones ajenas. No me obsesiono con ser «aceptada» por el mundo. *Vale más mi aceptación.* Cualquier persona debería considerarlo. Al final del día si no sabes quién eres, nunca sabrás lo que quieres. Si prestas atención a lo que otra persona dice de ti, terminarás cambiando para complacerlo. Por eso *procura ser tú mismo la historia que te cuente.*

Mi síntesis curricular podría describir un grado de estudio profesional con título universitario, dos idiomas y una lista de empleos con o sin experiencia. Sin embargo, eso no habla de quien soy, solo habla de lo que tengo. Para conocerme realmente habría que ir más allá. Todos los libros que he leído desde mi infancia, todos los escritos que quedaron sin terminar, esos cursos y talleres clandestinos, las videoconferencias elegidas al azar según el tema de interés, los países que he visitado, las personas que he conocido, días felices y otros no tanto, los momentos de crisis y los de abundancia, los buenos amigos y las traiciones. Los amores. Todo eso ha generado en mí un aprendizaje que trasciende. Eso sí me define.

El conocimiento me ha traído a donde estoy. La sabiduría me ha hecho ser quien soy. Me he lanzado a experimentar. Lo que muchos llaman inestabilidad, para mí ha sido descubrimiento. No es necesario decir una palabra cuando los actos son coherentes con lo que se desea transmitir. No hay que limitarse a seguir aprendiendo. No hay razón para quedarse paralizado en un lugar en el que no te sientes cómodo. No hay que ir a ninguna parte por compromiso. Me liberé de las imposiciones y de querer quedar bien con todo el mundo pasando por encima de mi tranquilidad. Decido decir NO cuando es necesario. Elijo evitar personas que drenan mi energía de cualquier manera. Entendí que si tengo que cuidar lo que digo significa que no estoy con la gente correcta. Quien te conoce realmente no te señala por una mala respuesta o por una mala cara en un momento desagradable. Saben respetar tus cambios de humor sin que les afecte de manera personal. Te escuchan atentamente y dan su punto de vista solo si tú se lo pides. Pero jamás dejarán de estar contigo por entrar en desacuerdo.

He vivido una y otra vez desde el principio. No hay que tener miedo a comenzar de cero. *Vale más recalcular el GPS que seguir andando por la ruta equivocada sin tener una meta destino.* He vuelto a lugares que no han cambiado en lo absoluto para darme cuenta de cuanto he cambiado yo. Mi evolución es constante. Lo que antes era mi debilidad ahora es mi fortaleza. *Por lo que es imposible que alguien que me conoció hace unos años atrás piense que soy la misma persona.* Mantengo mi esencia auténtica y natural por encima de cualquier cosa. Conozco la diferencia entre elegancia y vulgaridad y elijo mostrar mi cerebro (en sentido figurado) en vez de mi escote. Algunos me querrán por ser quien soy, pero sé que otros me odiarán por la misma razón. No me desgasto intentando cambiarlo. Entendí que cada uno percibe desde sus carencias. Que soy responsable de lo que digo, mas no de lo que las personas entiendan. No hay manera de que alguien reciba de mí el mismo trato que ellos me dan. Siempre doy más. Dicen que de la abundancia del corazón habla la boca.

Finalmente, mi momento presente es mi mayor bendición. Estar aquí y ahora después de haber recorrido el camino descalza, llena de gratitud en mi corazón. No hay sentimiento que pueda expresar la paz que existe dentro de mí al mirar a mi alrededor. Soy tan afortunada de estar viva, de estar sana. Agradezco a Dios cada día por el lugar que me ha regalado, un espacio perfecto en el que finalmente puedo decir que tengo un hogar, que tengo una familia, que no me falta nada. En el que puedo despertar cada día cumpliendo uno de mis mayores deseos: levantarme de la cama a la hora que elija y disfrutar del desayuno y un café en casa, junto a mi esposo; el tener la dicha de poder quedarme sin hacer nada en medio de un día cualquiera, porque así lo decido, porque así lo merezco. Algo que parece insignificante, pero que solamente yo sé cuánto me costó obtener. Así también disfruto y agradezco cada vez que veo mi nevera y mis estantes llenos de comida. Se me humedecen los ojos recordando las veces que pedí a Dios por tener un bocado para llevarme a la boca en medio de mis días de escasez. Y esas son las cosas sencillas que más valoro, ya que descubrí que es posible alcanzar la *plenitud* solo con el reconocimiento interior de quienes somos realmente y de qué lugar ocupamos en el mundo. Y ese es, sin duda, el propósito por el cual estamos aquí.

Buenas personas siguen sumándose a mi vida a diario. Tengo la dicha de compartir con gente que aporta valor, de esa gente que complementa mi grandeza. Como es el caso de una chica que se graduó conmigo en la universidad y con la que, sin haber compartido durante esa época, ahora forma parte importante de mi historia a nivel personal y profesional. Su amistad ha sido columna fuerte durante mi tiempo en Estados Unidos. Una mujer con visión, con la que tengo el presentimiento y el plan de que lograremos grandes cosas juntas.

A mis padres les tengo gran respeto y agradecimiento. Después de tantos años y de lograr perdonarlos y sanar mi corazón, llevo una buena relación con ambos en todos los sentidos. Estoy agradecida por lo que me han enseñado. Mis hermanos siguen siendo mis ejemplos, esos que admiro de cualquier manera. La vida me demuestra una vez más que todo ha valido la pena.

SOCIEDAD IMPUESTA

Todos nacemos desnudos y sin que nada nos pertenezca. Morimos dejando todo lo que alguna vez creímos que era nuestro. Aun así, pasamos la vida entera luchando por ser dueños de algo. Nuestro paso por el mundo es una carrera dentro de un círculo interminable. Una competencia contra el tiempo. Un sinfín de cosas pendientes por hacer. Una lucha interna por llegar a la «meta». Pero *¿te has preguntado si eso que tanto persigues te hace realmente feliz?* Con frecuencia me sorprende observar la lista de prioridades de muchas personas. Cada cosa está ordenada desde lo superficial. Desde lo que consideran inalcanzable hasta lo que pueden comprar con el pago de un día de trabajo. Muchas personas se esmeran por tener todo lo que está de moda y por comprar cosas que no necesitan para agradar a gente que no le importa. Yo, en el camino, entendí que no requería de tanto como tenía. Descubrí que no disfruto de los centros comerciales ni de ir a las tiendas, algo inusual para ser mujer. Compro cosas puntuales y duraderas. Lo que realmente tenga una función o me beneficie en algo. *La acumulación nos lleva a sumergirnos en un mundo de objetos que guardamos, que nunca usamos pero que no podemos botar* por crear un apego emocional.

Así algunas personas quieren comprar una casa, pero no saben construir un hogar. No comprenden que sin importar el tamaño y el lujo del lugar donde vivan, lo que realmente vale es el amor y el respeto entre la familia. Las bases más sólidas son fundadas en la palabra de Dios, por lo que siempre debería ser más importante edificar en Fe. Matrimonios que se separan por infidelidad. Padres que abandonan a los niños. Hijos con vicios y malas compañías. Una lista de mentiras y maltratos se hace cada vez más común. Ya todo parece ser «normal» dentro de la sociedad actual. Cada día son más las familias que se desintegran por falta de compromiso. La gente se rinde con frecuencia sin hacer el intento extra que podría llevar al cambio. Ese que es tan simple como hablar. Eso que hacían nuestros abuelos cada vez que recordaban por qué decidieron estar juntos. *Ahora se ha hecho más fácil cambiar de pareja que cambiar de opinión.* No hablo de que sea obligatorio permanecer con alguien con quien no eres feliz, me refiero a buscar más allá de lo visible. A descubrir el porqué de las cosas, recordando que muchas veces *lo que recibimos de otros depende de nosotros mismos.* Es insólito como la tecnología ha provocado que los celos y la obsesión por

175

tener el control, esté a la orden del día. *Vivimos pendientes de lo que hacen los demás sin tomar conciencia de lo que hacemos nosotros.*

Muchos padres intentan incluso darles a sus hijos lo que a ellos les faltó. Se enfocan en llenar vacíos emocionales con cosas materiales. Los complacen para ganar su aprobación. Y así los niños han perdido la inocencia. Los juguetes fueron cambiados por tabletas y teléfonos celulares. No hay control de lo que ellos ven y que luego quieren copiar. Los padres están tan ocupados intentando ganar dinero que no se preocupan por conocer internamente a sus hijos. Creen que compartir unos minutos al final del día es suficiente. Asumen que todo está bien mientras no los pierdan de vista.

Con el mal uso de la tecnología nos olvidamos de vivir, de disfrutar el momento presente. Los dispositivos móviles se adueñan cada día más de nuestra realidad. Caminamos por la vida cabizbajos, pegados a una pantalla que nos bombardea de información. Leí en algún lugar que la tecnología acerca a los que están lejos y aleja a los que están cerca, y estoy de acuerdo. Es necesario aprender a diferenciar entre los beneficios y las desventajas de manejarla. Usar un teléfono móvil durante un momento especial, un paseo, un concierto, algo irrepetible, impide que lo disfrutemos en su totalidad. Estamos enfocados en demostrar a otros que somos felices y que la pasamos bien, en lugar de hacerlo realmente. Las redes sociales se han convertido en un arma de doble filo. Por una parte, están quienes las aprovechan para obtener un beneficio sea educativo, recreativo o económico. Y por otro, están quienes solo las utilizan para seguir aquellas publicaciones que atraen su atención, pero que no generan ninguna ganancia. En ambos casos, está bien. Solo debes tener cuidado en cómo esto se traduce en tu vida y la de tus hijos.

En ese sentido, muy pocas veces nos percatamos de que detrás de cada pantalla hay una persona. Alguien que siente. Que en ocasiones juzgamos o somos juzgados de acuerdo con lo que decidimos mostrar o compartir con nuestros seguidores. *Muchas personas creen tener una idea clara de lo que otros deben hacer en base a lo que ellos consideran correcto.* Se evalúan los lugares, los servicios y a las personas según el número de estrellas que tienen en sus recomendaciones. Lo que no observamos es que pocas veces nos preocupamos por hacer referencia a lo bueno. Por lo general, los comentarios son escritos por gente insatisfecha que tiene algo negativo que decir. Y creo que es el tipo de gente que más abunda, aquellas que buscan descargar el veneno de sus frustraciones en la primera persona que encuentren en el camino. Pocas veces nos detenemos a admirar el trabajo de otro y elogiar. Si alguien hace algo bueno, simplemente preferimos callar. Nuestro orgullo no permite que otro tenga un beneficio mayor al nuestro.

En la actualidad se vive más obsesionado que informado con respecto a las noticias. Si algo se vuelve tendencia o da de qué hablar, se considera como extraños a aquellos que no lo siguen. Además, nos hemos acostumbrado tanto a usar los equipos electrónicos que ya no ponemos en funcionamiento la mente para recordar cosas importantes, así como hemos olvidado escribir lejos de un teclado y a leer fuera de una pantalla. Estamos regidos por una lista de tareas pendiente en medio de una aplicación de notas o un calendario con alarma que nos pone al tanto de lo que debemos hacer. Ahora, el amor se demuestra con *stickers* virtuales y se mide por la cantidad de «me gusta» que tengan tus fotos, lo que ha llevado incluso al suicidio de muchas personas al no obtener la aprobación deseada.

En el mundo de lo superficial, el uso de filtros para las fotografías se ha convertido en la salvación de quienes no soportan mirarse al espejo. En aquellas que no reconocen la perfección de su naturaleza humana, incluso con defectos. Se preocupan por cuidar de su aspecto físico por encima de su salud mental. Olvidan que la belleza es efímera. Que es urgente enfocarse en tener algo más que ofrecer. Una buena conversación. *Una buena relación con Dios.* Un buen trato hacia los demás. Algo que perdure más allá de las arrugas inevitables de la edad. Algo que sea tan profundo que incluso un ciego pueda percibirlo.

DESCUBRIÉNDOTE MÁS ALLÁ DE LO QUE VES

1. ¿Te muestras tal cual eres delante de la gente? De no ser así, ¿a qué le temes?

2. ¿Qué dicen los demás acerca de ti, basándose en lo poco que te conocen? ¿Qué tan importante es su opinión para ti?

3. ¿Consideras que evitas ser quién eres para encajar en los estereotipos sociales a pesar de que eso te haga infeliz?

4. ¿Tu imagen perfecta en redes sociales forma parte de tu lista de prioridades?

5. ¿Juzgas a las personas por su apariencia aun cuando te incomoda que te juzguen a ti?

6. ¿Valoras a la gente por sus bienes materiales o por lo que son como personas?

CAPÍTULO 7
UN NIVEL SUPERIOR

Si has llegado hasta este momento,
Tienes un propósito por cumplir.

*L*o que tú tienes muchas personas lo pueden tener. Pero lo *que tú eres, nadie lo puede ser.* Eres único, al igual que cada persona lo es. Por lo tanto, la esencia y el poder interior no se pueden copiar. Imitarás y te imitarán. Emplearás el lenguaje que quieras. Reaccionarás de muchas maneras. Al final de todo, nunca podrás expresar sino quién eres realmente. Incluso en la actuación cada uno interpreta un papel temporal que al terminar vuelve a su estado natural. No se puede permanecer mucho tiempo fingiendo, cambiando. Es necesario reconocer lo que llevamos dentro para expresarlo de la manera más auténtica y genuina. Es incluso más sencillo vivir sin apariencias. Es liberador, es gratificante. Poder mostrarte tal y como eres. Entendiendo que, *si algo es para ti, solo tienes que ser tú para recibirlo.*

Si das un vistazo hacia atrás en tu vida podrías reconocer los momentos en los que no importó la opinión de los demás. Quizás esos mismos coincidan con aquellos en los que estuviste completamente solo. Aquellos en los que nadie te vio. Ahora, ¿puedes recordar qué sentiste? ¿Libertad? ¿Paz? Sentiste quizás la seguridad de tomar

181

decisiones sin tener que dar explicaciones. Puede que incluso no dudaras de que era lo correcto que debías hacer. Simplemente escuchabas a tu corazón. Escuchaste a Dios.

Nuestro padre celestial es el único ser perfecto. Y si Él nos creó a su imagen y semejanza, entonces algo de perfección hay en nosotros. Por lo tanto, lo que escuches en silencio cuando entras en intimidad con él siempre te revelará su voluntad. En ocasiones puede que no coincida con lo que quisieras, pero puedes asegurar que será, sin duda, lo correcto. Es necesario hacerte consciente de que *lo más importante eres tú*. Pregúntate: «*¿Y si soy yo quien no me veo?*» Es urgente detenerte en medio de la prisa. Es necesario mirar para adentro, enfocar tus ojos solo en ti, descubrirte para poder defender tu parte humana.

SER- HUMANO

Durante la niñez la vida suele ser de colores, no hay preocupaciones y los días están cargados de sonrisas. Los abrazos y besos son la manera más real de expresarnos y de pedir disculpas si algo sale mal. Cada pequeño detalle cuenta para sorprendernos. Vivimos en un mundo ideal creado en nuestra imaginación. Admiramos a los adultos y soñamos ser como ellos, hasta que ese deseo se convierte en realidad. A medida que vamos creciendo y un poco después de la adolescencia, nuestra perspectiva de la vida cambia. Adoptamos una conducta de superioridad en la que nos olvidamos por completo de mirar hacia abajo, de tener compasión con la gente. Dejamos a un lado la empatía. Nos volvemos herméticos a demostrar sentimientos por considerarlo una debilidad. Planificamos todo cuidadosamente y no se nos está permitido tener miedo. Las sonrisas son contadas como si ahora tuviéramos que pagar por tener una. Dejamos de impresionarnos y son pocas cosas las que despiertan nuestra admiración. Nos volvemos fríos, calculadores. Nos hacemos automáticos ante las responsabilidades y compromisos con los demás. Nos olvidamos de nosotros.

Después de los 30 años las cosas cambian. Ya se van notando las arrugas y van saliendo las canas. Aparecen las cicatrices de los desvelos y el cansancio del recorrido. Empezamos a preocuparnos por lucir lo mejor posible. Consideramos la cirugía y los procedimientos estéticos como una opción para vernos más jóvenes y elevar nuestra autoestima. Yo agradezco cada una de mis marcas de guerra. Esas arrugas en mis ojos y las líneas de expresión me recuerdan que SOY REAL. Que he reído y he llorado sin vergüenza. He disfrutado de ver y de sentir. *Y que cada año voy luciendo la experiencia como un retrato de mi historia. Sin filtro, sin maquillaje.*

Y es que, a final de cuentas, *las apariencias engañan a la mente, pero no al corazón.* Nos acostumbramos a asumir que las personas saben lo que sentimos por ellos. Se da por entendido que queremos a nuestra familia, a nuestra pareja, a nuestros hijos y a nuestros amigos. Por lo que pocas veces incluimos el expresar los sentimientos o decir palabras de amor como parte de nuestro día. Las demostraciones de cariño están sobrevaloradas en un mundo egoísta y orgulloso. Es cuando alguien se va de nuestro lado que entendemos el valor de una palabra y de un gesto. Y es que todos representamos algo para alguien. Incluso para nuestras mascotas, que sobreviven encerradas por el solo hecho de sentir nuestro cuidado. Hasta las plantas lo sienten. El demostrar afecto y protección permite tener relaciones sanas. No basta solo con celebrar fechas especiales entregando los mejores regalos. No se trata de competir entre quién compró lo más costoso. *Lo más importante radica en la presencia.* Esa que permanecerá incluso si no queda nada. Pero he aprendido que *no podemos dar a otros de lo que no somos.* Por lo que es urgente que, si te cuesta expresar amor, revises tus creencias limitantes y decidas cambiarlas de una vez por todas. ¿A qué le temes al decir lo que sientes? ¿Tienes miedo a que te rechacen? ¿O acaso piensas que te verán inferior y más débil? Puede que solo temas no recibir una respuesta. Y es que casi siempre esperamos lo recíproco. Pocas veces nos permitimos ser los únicos en hacer algo por alguien.

Existen personas que pasan por nuestras vidas de manera fugaz. Gente que desaparece en medio de la nada y que jamás vuelves a saber de ellos. También existen esos que se quedan. Esas personas que se convierten en una especie de amuleto de buena suerte, esas que comparten contigo cada cosa, aunque no estén físicamente presentes, tienes la certeza de que están a distancia de una llamada o de un mensaje para ponerse al día. Personas valiosas. Con el tiempo te das cuenta de que la vida no te hace perder amigos, simplemente te va enseñando cuáles son los de verdad. Por eso no debemos guardar rencor en nuestro corazón. Es importante que al menos una vez al año reconozcamos quiénes son esas personas que permanecen y valorarlas, hacerles saber lo afortunados que somos de tenerlos. Y, por otro lado, soltar aquellas personas que por cualquier motivo se han alejado. Sin juzgar, sin resentir, sin condenar. Entendiendo que cada uno vive un proceso diferente. Que cada uno juega un papel de maestro o aprendiz. Realizando una terapia de perdón para liberarnos de esas cargas de culpabilidad o víctima que nos impiden avanzar.

Y es que de eso se trata la simplicidad de *SER-Humano*. De reconocer que todo comienza por soltar las cargas emocionales que traemos desde la niñez y las que se van acumulando en el camino. Que muchas veces ese peso que no nos pertenece termina enfermando nuestro cuerpo y nuestra mente. De aceptar que somos un puñado de energía que atrae o repele lo que nos conviene, según nuestra intención y propósito. *Conocernos cada vez más desde adentro hacia afuera para revelar nuestra verdadera identidad.* Permitirnos experimentar, descubrir, conocer. Escuchar una canción, percibir un olor, degustar una comida. Ver un amanecer, escuchar el canto de los pájaros, el sonido de las olas del mar. Esas sensaciones que nos recuerdan el verdadero significado de estar vivos.

Y es que para cuando decidí escribir este libro, después de años de llevarlo en mente, el mundo entero estaba viviendo una parálisis total. Todo se detuvo de repente por una pandemia –año 2020–, que nos obligó a permanecer en casa y sobrevivir con lo que teníamos. Muchas familias entraron en crisis al no saber cómo sobrellevarlo. Vivían acostumbrados a dedicar todo el día al trabajo y llegar a casa solo a descansar, sin disfrutar tiempo de calidad con sus seres queridos. Algunos padres descubrieron que no conocían a sus hijos. No tenían idea de lo que aprendían en las escuelas y para ese momento tuvieron que aprenderlo con ellos. Algunas parejas enfrentaron la realidad de que quizá ya no se entendían como antes y decidieron separarse. Otras, por el contrario, aprovecharon para reencontrarse una vez más y disfrutar juntos y compartir. Muchas personas perdieron sus empleos, aceptando que todo lo que vivimos es temporal y que no vale la pena cambiar horas de vida por dinero.

Sobrevivir en medio de todo fue un gran reto. Nadie estaba preparado para sentirse prisionero en su propia casa. Nada de lo que nos rodeaba podía salvarnos de la situación. Las riquezas no pudieron librar a nadie de la muerte. La salud se convirtió en lo esencial. Nuestros pijamas pasaron a ser el vestuario más codiciado, por lo que un closet lleno de ropa y zapatos quedó en el olvido por un par de meses. Muchos se deprimieron. Otros se fortalecieron. Algunos aprendieron la lección. *Y es que más allá de todas las cosas materiales que tengas, nada tiene más valor que tu vida y la de los tuyos.*

Vale el aire que respiras. Vale el abrir y cerrar de ojos. Caminar, soñar, sonreír. Vale cada segundo que tienes en tus manos la oportunidad de cambiar tu vida. Ese tiempo por el que tanto esperabas te ha sido entregado, ahora decide sabiamente qué hacer con él. Haz locuras mientras eres joven, así tendrás de que reírte cuando seas viejo. Date permiso de no hacer nada. De despertar tarde un día si es lo que tu cuerpo pide. Elige salir de la rutina, escapar de lo común, de lo predecible. Haz todo aquello que llene tu alma y tu corazón. Si de todas maneras tienes que decidir, hazlo por aquello que te haga feliz. *Y nunca des nada por sentado. Cuando creemos saberlo todo, resulta que es cuando más equivocados estamos.*

REINVENCIÓN

La gente piensa que he cambiado. Yo solo dejé de comportarme como ellos querían que lo hiciera. A lo largo de mi vida, sentí muchas veces como la gente que no conocía mis procesos, esperaba recibir de mí solo lo que ellos querían, lo que era conveniente, según el caso. Pero jamás preguntaron qué quería yo. Tantas veces escuché a la gente llamarme antipática, egoísta, rebelde, inconsciente. Incluso «loca» se convirtió en una de las etiquetas impuestas por esas personas, que simplemente no estaban de acuerdo con mi personalidad, pues confrontaba su realidad y no querían aceptarla. Más de una vez, incluso, llegué a dudar de que tuvieran razón. *Y es que si juzgas a la gente, no tienes tiempo de amarla.*

Son tantos los ataques que recibimos de manera subliminal que las heridas no se hacen en la piel, sino en el corazón. Sin darnos cuenta vamos aceptando como parte de nosotros lo que otras personas aún no han sanado en ellos. Nos hacemos vulnerables. Nos sentimos inferiores por no saber defender nuestra verdad. No percibimos que *el que no tiene identidad está buscando reconocimiento.* Y que la mayoría de las veces, *el complejo de inferioridad es tan grave como el de superioridad.*

Llegó un momento en el que la vida me había golpeado tanto que ya no quedaban lágrimas para llorar. En el que me encontraba tan débil que cualquier cosa que sucedía a mi alrededor se sentía como un ladrillo que caía sobre mí para enterrarme. Sin embargo, un día descubrí que con todos esos ladrillos que tenía encima podía construir una escalera para subir. Y llegué muy alto. Tan alto que pude ver un panorama diferente de cada cosa. Incluso de mí misma. Me reconocí en la cima de una montaña de lecciones que me transformaron internamente. Me llené de fuerza para seguir. Esta vez desde un plano elevado. No en el que los demás son menos que yo, sino en el que estoy a la altura de mi creador.

Ahora descubro que tengo el poder para cambiar mi realidad.

Me detengo a respirar. Me miro al espejo y reconozco mi desnudez. Me recargué de toda la energía necesaria para brillar y alumbrar a otros. Porque ya no siento temor. Ya no estoy en el fondo de un pasado contaminado. Ahora camino con la frente en alto, con autoridad y con el respaldo de que un ser superior me guía, me protege y me bendice.

Mi memoria hizo borrón y cuenta nueva. Ya nada de lo que hacía daño existe. Porque crecí, porque creí, porque fui valiente en seguir. Porque a pesar de las caídas siempre me mantuve en pie. Ya no permito que la gente me diga que no puedo vivir una vida que ellos no son capaces de tener. Reconozco que cada uno es responsable de sus fracasos y de sus victorias y que no voy a recibir lo que estoy pidiendo, si no suelto lo que tengo y ya no me sirve. Que es necesario el arrepentimiento. Que es urgente el perdón.

Le hablo a mi niña interior y me reencuentro con ella de una manera amigable. Le cuento que hoy es el mañana que ayer tanto le preocupaba y que todo está bien. La abrazo. La escucho con cautela. Me doy cuenta de que, al releer mi historia, quisiera cambiarla porque ya no soy la misma de antes. *No hago lo que los demás hacen. Hago lo que los demás quieren hacer y no se atreven.* Y es que me despojé de los «deberías». Me di cuenta de que, si hay algo que cualquiera puede tener, yo no lo quiero.

No voy por el mundo intentando copiar a nadie. Tengo suficiente de mí, de lo que soy. Entendí que *cuando siento que necesito motivación, procuro que sea mi propia historia la que me inspire.* Mirar hasta donde he llegado, lo valiente que he sido, en quien me he convertido. Dejé de comparar mi vida con la de otras personas.

Camino descalza y despeinada. Soy feliz vistiendo jeans rotos y camiseta, defiendo mi comodidad. *No atraigo lo que quiero, atraigo lo que soy.* Y es que creo en la energía. En esa misma que me dice que si no tengo nada bueno qué decir, es preferible guardar silencio. Para no crear conflictos, para no herir susceptibilidades. Y es contradictorio. Por una parte, no puedo ocultar mis expresiones cuando algo me gusta o me disgusta. Y por otra, soy capaz de mantenerme inmóvil e inexpresiva cuando algo no me genera ningún sentimiento. Y eso me caracteriza. Yo lo aceptó. La gente que sabe quién soy lo entiende. De lo demás no me ocupo.

En la vida real la teoría es muy diferente a la práctica. Todo lo que aprendas será traducido según tus experiencias. *Por lo tanto, me tocó aceptar que todas esas páginas escritas en el libro de mi vida me estaban preparando para este momento. Que todo lo que una vez consideré lo peor que podía pasarme, hoy me convierte en la mujer que soy.* Estoy agradecida. Dios sanó mi corazón, mi cuerpo y mi espíritu. Nací de nuevo el día en que acepté que mi vida le pertenece y que su palabra la rige. No me considero santa. Me reconozco libre. Y esa es mi mayor riqueza ahora. La herencia de mi padre que quiero compartir.

UN PROPÓSITO

En este punto de mi vida me detengo a mirar hacia atrás y reconocer que mi trayectoria construye un *legado* en cada paso. Descubrí que Dios sembró un propósito en mí para que, a través de mis experiencias, pudiese ayudar a otras personas. Me complace saber que de alguna manera he servido de inspiración. Que parte de las cosas que he decidido compartir, han dejado huella y que algunas de esas personas valiosas en mi historia me recuerdan con agradecimiento. Me satisface descubrir que algunos de ellos admiran mis logros y me lo demuestran con palabras o gestos. Muchos otros los ignoran. Esos son los que dudan de que puedo alcanzar lo que me propongo. Y otros desean tener un poco de lo que he obtenido, pero no están dispuestos a pagar el precio de ser diferentes.

Los procesos que estás viviendo son tus testimonios para mañana. Hoy quizá tú estás deseando ser como alguien a quien admiras. Puede que consideres que es mejor que tú por lo que muestra, pero de seguro en alguna parte del mundo alguien está deseando ser como tú. Tu ejemplo enseña. Sea bueno o malo. Sin importar si estructuras cada cosa que haces o dices. Siempre es tu vida la que habla por ti.

Espero que mi historia te inspire a ver el poder que hay dentro de tu historia. Sigo creyendo en la gente. Soy fiel defensora de los por qué y los para qué. Y más si eso se trata de paz. Ahora recuerda tu camino. ¿En qué momento empezó todo? ¿Qué has tenido que superar para llegar hasta aquí? Si eres capaz de cerrar tus ojos por un momento y sentirte libre, lo has logrado. Si no, no te desanimes. Ahora empieza tu camino de reconocimiento, de entrar en el silencio de tu alma y escucharte, de descubrirte desde lo que tu espíritu pide a gritos y has querido callar. Deja fuera todo eso que ocupa tu mente y no te pertenece. *De aquí en adelante necesitarás espacio para ti.*

La tormenta que se ha levantado contra ti lo único que intenta es detenerte de alcanzar el propósito que Dios tiene para tu vida. Los comentarios de otros acerca de ti solo intentan desviar tu atención hacia un camino oscuro de comparaciones. No puedes permitirlo.

Debes levantarte y seguir. Al principio duele, pero quien sabe lo que es capaz de lograr, no se acobarda por la opinión de los demás. Te aseguro que desde la cima no se escucha la voz de los que se quedaron abajo y son ellos mismos los que te verán crecer.

Al principio de la temporada de aislamiento por la pandemia, sin querer me estaba tomando de manera personal ver cómo algunas personas reflejaban tanto desinterés por cosas que para mí eran importantes. Buscaba la manera de aportar algo que los sacara de ese estado de pausa en el que estaban. Como si caminaran por inercia, sin un propósito claro. Los veía anclados en viejas creencias y en desinformación acerca de nuevas oportunidades. Luego, la que tuvo que hacer una pausa fui yo. Estaba permitiendo que cosas que no me pertenecen me afectaran. Fue necesario aceptar que, así como yo, cada uno tiene derecho a vivir a su manera. Que no podía ayudar a nadie que no consideraba tener un problema, que solo yo veía. Y que existe un destino y un propósito para cada persona, el cual no necesariamente tiene que ser lo que a ti te resulta. No debemos juzgar ni condenar a nadie porque no acepta la oportunidad que tú le estás ofreciendo. No todos somos buenos para lo mismo. *Cada persona tiene derecho a hacer lo que le hace feliz, aunque el resto del mundo esté en contra.* Solo te aconsejo que elijas como mentor y guía a alguien a quien admires, no a aquel que solo te prometa ganar dinero. Una persona a quien te gustaría alcanzar en esencia, no en bienes. Alguien con quien tu alma y propósito conecten en medio de un acuerdo de bienestar y prosperidad.

Personalmente, nunca me ha gustado que me digan lo que debo hacer. He trabajado duro para lograr el éxito, pero reconozco que no hubiese podido hacer nada sin la ayuda de Dios. Él me eligió y me prepara cada día para seguir su voluntad. Soy obediente y me dejo usar. Siempre me pone en el lugar correcto, en el momento indicado. Me conecta con personas extraordinarias que elevan los estándares hacia la excelencia. Me convierto cada día en canal de bendición para los que me rodean. Ya no soy la que era. Tampoco soy la que seré.

Practico el arte de alegrarme por otros cuando los veo lograr lo que quieren, eso me ayuda a creer que también estoy más cerca de alcanzar lo que deseo. No envidio, no daño con mis palabras, pensamientos o actos. Recuerdo que la vida es un círculo y cualquier punto que parezca el final puede ser apenas el comienzo. Si tengo algo bueno que pueda aportar a cualquier persona, no dudo en hacerlo. *Mi vida se convierte en un mensaje para transmitir al mundo.* Y lo que es de Dios permanece para siempre.

Si tuviese que decirle algo a la Andrea de hace 25 años, sería:

¡Todo va a estar bien! ¡Te amo, te respeto y estoy orgullosa de ti! Finalmente, lo logramos. Hemos trascendido hacia otro nivel de conciencia. Vivirás experiencias fuertes a nivel emocional, pero eres una guerrera y lo has superado. Ya todo pasó. La gente te admira y reconoce tus logros. Eres fuente de inspiración para muchos. Estás cambiando la vida de millones de personas con tu sabiduría. No te detengas. Sigue creyendo. Sigue siendo valiente.

Ahora observo mi vida como fragmentos de una película en la que solo yo conozco el lado de mi historia, así que te digo que necesitas de ti, sobre todo para estar bien con otros. Que siempre estarás en donde Dios quiere que estés, hasta que él quiera que estés. *Sin duda estas siendo parte de la historia de alguien más, aunque tú no lo sepas.* Por eso se buena persona siempre, aunque ellos no lo sean contigo.

Al final no importa la distancia, lo duro del recorrido o el tiempo que tardes en llegar a tu destino. Procura hacerte un camino que deje huellas a quienes te siguen. Mi legado es saber que si muero mañana habré vivido como he querido, habré amado con toda mi alma y habré aprendido a ser feliz. Es saber que hay muchos que me recordarán por agradecimiento al haber recibido de mí siempre lo mejor que pude dar, con humildad y, sobre todo, sinceridad. Es saber que mi conciencia está tranquila al reconocer que Dios ha reservado un lugar para mí. Estoy agradecida. Me siento afortunada de lo que Dios está haciendo conmigo, por mí y a través de mí. Por eso no hay nada que me preocupe ahora, *el hoy ya está cumplido.*

DESCUBRIENDO TU NIVEL SUPERIOR

1. ¿Qué identificas en ti que te hace diferente a los demás?

2. ¿Qué es lo más liberador que has hecho para sentirte en plenitud?

3. ¿Sientes que te has limitado a experimentar sensaciones placenteras de la vida? (Como caminar al aire libre, escuchar las olas del mar, dedicar tiempo a estar contigo). Si es así, ¿qué harías para mejorarlo?

4. ¿Demuestras tus sentimientos con facilidad a las personas? Si la respuesta es no, ¿qué te lo impide?

5. ¿Conoces tu propósito de vida? Si la respuesta es sí, ¿estás haciendo lo que corresponde para cumplirlo? Si la respuesta es no, ¿qué harías para lograrlo?

6. ¿Sientes que estás atrayendo a tu vida lo que mereces en relación con lo que piensas y sueñas? Si la respuesta es no, ¿qué harías para cambiarlo?

7. ¿De qué estás agradecido?

BIOGRAFÍA

Andrea Pérez Guzmán, venezolana, nacida en junio de 1986. La menor y única mujer de cuatro hermanos. Desde temprana edad su vida dio un giro inesperado, cuando tras la separación de sus padres, su único refugio fueron sus pensamientos y la escritura, expresando entre líneas todo lo que callaba.

A partir de allí su valentía la llevó a convertirse en una mujer madura e independiente, profesional y dedicada siempre al servicio, con una visión amplia acerca de las oportunidades y de la libertad. Estuvo al borde de la muerte en distintas ocasiones y su fortaleza mental y espiritual la llevó a trascender hacia la plenitud en la que ahora vive.

Su primer libro nació después de reencontrarse con cada página escrita en el camino y con el deseo de descubrir en cada uno de los lectores ese YO SOY que está más allá de las apariencias, al percatarse de que ella, la mayor parte de su vida, estuvo encerrada en estereotipos impuestos por la sociedad.

@andreaperez_g

GRACIAS por acompañarme hasta aquí y ser parte de la historia que estamos creando juntos. Valoro cada minuto del tiempo que dedicaste a leerme y conectarte con mi YO SOY, para descubrir en ti todo lo que desconocías. Valoro cada frase con la que te sentiste identificado y aprecio tu sinceridad para desnudar tu alma frente a estas páginas.

Si lograste escribir tu experiencia a través de las preguntas formuladas al final de cada capítulo, ¡FELICIDADES! Acabas de romper tus creencias limitantes. Es momento de releer tus porqués y tus para qué, así podrás identificar quién eres realmente cuando nadie te ve y mejorar todas aquellas cosas que te desagradan, que sigues repitiendo sin darte cuenta y que te han traído al lugar en donde estás.

Me honra saber que elegiste conscientemente que este libro formara parte de tu colección. Sé que mi propósito y mi mensaje han sido cumplidos en ti y que de alguna forma va a trascender más allá del hoy.

Bendigo tu vida.

BIENETRE
EDITORIAL